本书为国家社会科学基金重大项目
"'一带一路'相关国家贸易竞争与互补关系研究"（16ZDA038）的阶段性成果

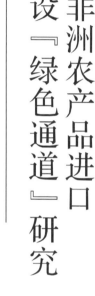

中非经贸合作丛书

肖皓 唐斌 许和连 著

Research on Increasing
African Agricultural Products Imports
and Opening "Green Lanes"

扩大非洲农产品进口与建设『绿色通道』研究

社会科学文献出版社
SOCIAL SCIENCES ACADEMIC PRESS (CHINA)

中非经贸合作丛书总序言

建立对非经贸合作交流长效机制是推进新时代中非命运共同体的重要内容。当今世界正处于大发展、大变革、大调整时期，非洲是"一带一路"建设和南南合作的重要地区，也是中国未来经贸发展最具潜力的合作伙伴之一。加快推进中非经贸合作，不仅是中国经济保持高质量可持续发展的应有之义，更是在新变局下积极参与全球经济治理的迫切需求。新世纪以来，随着中非合作机制逐渐完善，中非经贸合作实现跨越式发展，呈现"全方位、宽领域、多层次"的发展态势。

自 2019 年中非经贸博览会长期落户以来，湖南省在全国率先出台地方对非经贸合作文件《关于落实中非合作八大行动打造中非地方经贸合作高地的若干意见》，获批以中非合作为特色的自贸试验区，推动中非经贸深度合作先行区纳入中非合作"九项工程"，形成博览会与先行区两大国家级对非合作平台联动发展效应，现正在积极探索中非经贸合作的新路径和新模式，重点建设非洲非资源性产品集散交易加工中心、中非跨境人民币中心、中西部地区对非客流和物流中心等六大中心，致力于建成中国地方对非合作示范高地，成为中非合作"九项工程"的试验田和样板区。

为打造中非经贸合作交流长效机制智力支撑平台，中非经贸合作研究院由湖南省委常委会提出，在湖南省商务厅业务指导下，由湖南大学牵头，吸纳中南大学、湘潭大学、湖南农业大学共同组建，旨在为推动建设中非地方经贸合作新高地提供决策支撑，为解决中非经贸合作发展中根本性、全局性、长期性的重大理论和现实问题进行科学研究，为中非经贸可持续发展培养和输送复合型经贸类人才，为中非经贸合作企业现实需要开展咨询服务。研究院于 2020 年 3 月正式成立，2021 年第二届中非经贸博览会期间正式揭牌。

研究院所涵盖的四大基地及其研究方向如下：

（1）湖南大学中非经贸合作研究基地：中非经贸合作领域；

（2）中南大学中非矿业合作研究基地：中非矿业、铁路及医疗合作领域；

（3）湘潭大学中非法律与人文交流基地：中非法律与人文交流领域；

（4）湖南农业大学中非农业发展与合作研究基地：中非农业发展与合作领域。

中非经贸合作丛书是研究院紧扣"经贸、地方、务实、致远"的基本定位，以中非经贸合作为主线，以地方实际问题为导向，突出理论与实践务实结合的智库成果。丛书系研究院第一套智库作品，在编撰的过程中难免存在一些疏漏不妥之处，敬请广大读者批评指正。

许和连　肖　皓

2022 年 8 月

序

扩大非洲农产品进口并建设"绿色通道"是全面深化中非经贸合作的关键环节,既是改善中非贸易结构,回应"资源掠夺论",讲好新时代中非合作故事的主要突破口,也是湖南省践行习近平总书记重要指示精神,抓住湘非经贸发展新机遇,发挥"内循环"腹地优势的重要举措。

《扩大非洲农产品进口与建设"绿色通道"研究》系中非经贸合作研究院的第一部专著。该书缘起于 2020 年,紧密围绕扩大非洲农产品进口与建设"绿色通道"这一主题,按照"提出问题—分析问题—解决问题"的总体思路,突出"理论 + 实践"双轨并行,结合国际贸易学相关理论,考虑农产品国际贸易特征,从供给、需求、流通、政治与安全四个维度构建影响非洲农产品国际贸易的综合理论分析框架,以"供给—流通—需求"为轴、以细分农产品类别为纲,主要回答了"非洲农产品去了哪""为什么中国进口非洲农产品规模小""非洲农产品'借道'进口的原理是什么"等一系列问题,同时系统探究中国进口非洲农产品面临的机遇与挑战。

值得一提的是,该书研究团队在深耕理论研究的同时,立足湖南省本土实践,积极参与咨政服务。例如,2020 年湖南省政协经济科技委员会联合湖南大学经济与贸易学院开展"完善'湘非'经贸合作平台,推进湖南开放崛起"课题调研,研究成果《关于完善"湘非"经贸合作平台,推进湖南开放崛起建议案和调研报告》得到时任湖南省委书记杜家毫同志的肯定性批示。其中,湖南大学经济与贸易学院、中非经贸合作研究院肖皓教授、许和连教授、唐斌博士生积极参加调研活动,所提交的论文《关于扩大非洲非资源性产品进口的对策建议》为调研报告和建议案的起草做出了巨大贡献，并支撑了本人的 2020 年全国政协提案《关于全面扩大非洲非资源类产品进口的建议》。

　　本书是中非农业合作领域重要的学术研究成果。希望该书的出版不仅能够丰富中非经贸研究，还能对扩大非洲农产品进口和建设"绿色通道"有一定的借鉴意义。

赖明勇

2022 年 8 月

前　言

习近平主席在 2018 年中非合作论坛北京峰会上提出"中国决定扩大进口非洲国家商品特别是非资源类产品"。湖南省以中非经贸博览会长期落户为契机,结合非洲非资源性产品进口方向,率先探索,主动谋划,发挥"一带一路"区位优势,培育内陆改革开放新高地增长点。

2020 年,中非经贸合作研究院在参与湖南省政协调研课题的基础上,进一步承担湖南省商务厅"湖南—非洲非资源性产品集散交易中心"的研究任务。针对橡胶、腰果、干辣椒、可可、鲜花、咖啡豆、海鲜、芝麻、花生 9 种非洲农产品,分析了中国自非洲进口现状、特征及问题,整理了中国自非进口政策,调研了国内相关企业,形成了中国从非洲已进口或具备进口潜力的非资源性产品名录以及研究报告。该研究有效支撑了湖南自贸试验区国内首次改革事项"建设非洲在华非资源性产品集散和交易中心"。

在此基础上,沿着"提出问题—分析问题—解决问题"的思路,从"供给—流通—需求"三个层面对研究报告进行完善,并丰富农产品种类,补充相关理论,吸纳更多实践素材,最终形成《扩大非洲农产品进口与建设"绿色通道"研究》一书。本书共包括八章,第一章为绪论,第二章为农产品国际贸易的相关理论,第三章和第四章依次分析非洲农产品出口以及中国进口非洲农产品的相关情况,第五章至第七章重点以非洲大宗农产品进口、"间接"进口以及"受限"进口为例展开案例研究,第八章为中国进口非洲农产品面临的挑战与机遇。

本书有三个主要特点。第一,在理论基础方面,针对农产品贸易特征,

1

结合国际贸易学古典理论、新古典理论和新贸易理论等，系统梳理农产品国际贸易成因，从供给、需求、流通、政治与安全四个维度剖析农产品贸易的影响因素和影响路径，形成扩大非洲农产品进口的理论分析框架。第二，在应用研究方面，结合非洲农产品要素禀赋、中国消费潜力以及中国自非洲农产品进口现状等，从大宗农产品进口、"间接"进口以及"受限"进口三个方面，共选择12类非洲具备代表性的特色农产品，从"供给—流通—需求"三个维度进行系统探究。第三，在研究资料占有方面，研究团队赴北京、上海、浙江、广东、湖南等地对相关政府、企事业单位进行专题调研，形成大量一手资料。同时，也吸纳了湖南省自贸试验区的政策素材与实践案例。

本书主要有以下四个方面的研究发现。一是自中非合作论坛成立以来，中国进口非洲农产品规模不断扩大且增速明显，但其占中国农产品进口总额的比重较低，与中国农产品进口结构不匹配。对非洲大宗农产品（如咖啡、花生、芝麻、棉花）的进口贸易规模较小且来源较为单一。相较于欧美进口体量和贸易结构，中国扩大非洲农产品进口潜力较大。

二是目前非洲农产品进口存在一定的"流通"阻碍，存在部分非洲农产品（如腰果、可可和橡胶）因关税差等借道"东盟"出口至中国，部分非洲特色农产品（如辣椒、海鲜、鲜花、水果和木材）受双方检验检疫能力限制、对中国准入政策了解不足等难以进入中国市场。

三是中国进口非洲农产品综合面临供给、流通、需求和安全风险四大挑战。供给端表现为非洲农产品生产及加工能力不足、商品化率较低且尚未形成"标准品"、优质货源渠道被欧美垄断；流通端存在部分非洲农产品关税与非关税壁垒较高、中非物流综合成本较高等问题；需求端包括对非洲农产品缺乏有效认知、尚未形成品牌和完备的营销体系；安全风险端主要存在自然灾害、政策不稳定等内部风险以及新冠疫情、大国博弈等外部风险挑战。

四是扩大非洲农产品进口正处于大发展时期。主要存在以下机遇：中非农业产能合作和"中国标准"赋能非洲农产品制造；贸易便利化水平提升、湖南自贸试验区改革创新以及中非物流体系完善的"绿色通道";针对性培育非洲农产品品牌及营销体系建设、中非经贸合作平台加大对非洲农产品的宣传力度;以多维度援助合作、中非贸易新模式新业态破解中非贸易难题等。

本书研究团队成员全部来自于湖南大学经济与贸易学院,他们分别是博士生林天钇、齐月、张容、张鸿、董一欣,硕士生庹汉军、崔莉婷、吴卓麟、朱子慧、吴维纳、翟梗吕。同时,感谢杨冉、邓师琦、吴莉、黄宗武、肖婷等同学为本书所做的贡献。

感谢湖南大学经济与贸易学院莫莎副教授、肖海翔副教授、邓玉萍副教授、范子杰副教授等各位老师在本书框架设计与内容编排等方面所给予的支持和帮助;感谢 Kilimall、隆平高科、袁氏种业、格林福德国际物流、浩通物流、湖南高桥大市场等企业给予的调研支持;感谢国家社会科学基金重大项目"一带一路相关国家贸易竞争与互补关系研究"(16ZDA038)的资助;感谢湖南省商务厅的全方位支持;感谢社会科学文献出版社高明秀等老师对本书顺利出版提供的帮助。

本书系研究团队对中非农业合作研究的初步探索与实践,内容的深度和广度还有待进一步加强,错误和不足在所难免,真诚地希望各位专家和读者批评指正。

肖 皓 唐 斌 许和连

2022 年 8 月

目　录

附 录 ⋯⋯⋯⋯⋯⋯⋯⋯⋯⋯⋯⋯⋯⋯⋯⋯⋯⋯⋯⋯⋯⋯⋯⋯⋯⋯ 185

第一章

绪论

一 研究背景与意义

自 2000 年中非合作论坛召开以来，中国不断加强与非洲国家全面战略伙伴关系，并延拓深化到中非经贸可持续发展领域。2018 年 9 月，习近平主席在中非合作论坛北京峰会上提出中国决定扩大进口非洲国家商品特别是非资源类产品。[①] 2020 年 9 月，习近平主席在考察湖南省时进一步指明中国—非洲经贸博览会（以下简称"中非经贸博览会"）长期落户湖南、设立中国（湖南）自由贸易试验区（以下简称"湖南自贸试验区"）的战略意义，提出要建立对非经贸合作交流长效机制。2021 年 11 月，习近平主席在中非合作论坛第八届部长级会议开幕式上发表主旨演讲，提出"4 点主张""九项工程"，其中在"贸易促进工程"中明确指出中国将为非洲农产品输华建立"绿色通道"，加快推动检疫准入程序，进一步扩大同中国建交的最不发达国家输华零关税待遇的产品范围，力争未来 3 年从非洲进口总额达到3000 亿美元，并强调在华建设中非经贸深度合作先行区（以下简称"先行区"）。[②] 然而，尽管中国自 2009 年以来已连续 13 年成为非洲第一大贸易伙

---

① 《习近平在 2018 年中非合作论坛北京峰会开幕式上的主旨讲话（全文）》，中华人民共和国中央人民政府，http://www.gov.cn/xinwen/2018-09/03/content_5318979.htm。

② 《习近平在中非合作论坛第八届部长级会议开幕式上的主旨演讲（全文）》，中华人民共和国中央人民政府，http://www.gov.cn/xinwen/2021-11/29/content_5654846.htm。

伴国,但是中非贸易长期失衡、结构单一且非洲国家存在大量赤字引起了"中国掠夺性开发"等舆论杂音;与此同时,在百年未有之大变局的时代背景下,新冠疫情、俄乌冲突、大国博弈、全球化受阻等因素加剧了中非经贸合作发展的不确定性。因此,如何在"双循环"新发展格局下推动中非经贸合作转型升级,形成新时代中非命运共同体的"压舱石"显得尤为重要。

农业是非洲发展经济、改善民生的主导产业。世界银行公布的数据显示,24个非洲国家农、林、牧、渔业增加值占 GDP 的比重超 20%,22个非洲国家农业就业人口占总就业人口的比重超 50%。① 一方面,农业关乎非洲大部分国家的粮食安全、就业、经济增长和发展。发展农业能够提升非洲农村地区收入、扩大出口和增加用于进口的外汇,以最大限度解决非洲贫困问题;农业生产效率的提高有助于促进农业劳动力进入制造业和其他产业,以加大对工业的投入。另一方面,发展农业还能为上下游产业提供必要的农业投入、消费和服务。为持续促进农业发展,21世纪以来非洲陆续出台了一系列政策。例如,非洲联盟(以下简称"非盟")于 2003 年通过的"非洲发展新伙伴计划"旨在为非洲农业综合发展计划提供指导和支持,以期通过发展农业消除饥饿,减少贫困。第 22 届非盟峰会正式确认 2014 年为非洲"农业与食品安全年",以促进非洲各国加强对农业发展的重视。② 随后在非盟马拉博首脑会议上通过的《关于加快农业增长和转型以实现共同繁荣和改善生计的马拉博宣言》为 2015～2025 年改善非洲农业指明了方向,并成为非盟成员国实现以农业为主导的经济增长、消除贫困和饥饿的重要文件。③ 2015 年,非盟提出的《2063 年议程》也强调农业发展的重要性,其

① 世界银行 WDI 数据库,https://databank.worldbank.org/source/world-development-indicators。
② 《第 22 届非盟峰会聚焦农业和粮食安全问题》,人民网,http://politics.people.com.cn/n/2014/0131/c366035-24271674.html。
③ 《关于加快农业增长和转型以实现共同繁荣和改善生计的马拉博宣言》包括七项承诺:一是《非洲农业综合发展计划》进程的原则和价值理念;二是加强农业投资金融;三是到 2025 年消除饥饿;四是到 2025 年通过农业将贫困减半;五是促进非洲内部农产品和服务贸易;六是增强对气候变化的抵御能力;七是加强对行动和结果的相互问责。中华人民共和国商务部,http://www.mofcom.gov.cn/article/zwjg/zwxw/zwxwxyf/202203/20220303288834.shtml。

相关内容主要包括两个部分，一是要在非洲发展现代化农业来提高农业的产量、生产率和附加值，以改善非洲国家农民和政府的收入，并改善非洲国家的食品安全；二是通过延长价值链和提升生产率的方式推动非洲农业生产和经济的现代化转型。[①] 随着 2021 年非洲大陆自贸区正式启动，发展农业成为越来越多的非洲国家实现经济增长和外汇创收的主要抓手。与此同时，非洲食品加工业的发展也为农产品出口增值提供了新机遇。[②]

建立非洲农产品进口"绿色通道"以持续扩大非洲农产品进口满足中非双方需要，有利于中国"双循环"新发展格局的构建。一方面，于国内消费而言，作为全球最大的农产品消费国，随着中国经济步入高质量发展阶段，国内消费生态正在加速重塑，消费者对高质量农产品的需求日益递增。但是，受到中国资源禀赋与供需等因素的影响，部分农产品如大豆、坚果等供不应求，严重依赖外部进口。中非农业互补性强，具备强大的合作潜力。扩大非洲农产品进口不仅可以释放中国内需市场潜力，满足中国消费升级需要、丰富产品来源，还能优化对非进口结构、回应"资源掠夺论"。另一方面，于非洲出口国而言，非洲国家农产品资源丰富、品质优良，例如，科特迪瓦的可可产量世界排名第一、腰果产量约占全球腰果产量的 20%，尼日利亚的花生产量世界排名第二，埃塞俄比亚是咖啡故乡，扩大农产品出口无疑能有效提高非洲国家外汇收入，增加农业就业人口以推动非洲国家的经济发展。

事实上，中国对非洲农业的参与长达半个世纪，具备良好的农业合作基础。自 20 世纪 60 年代起，中国就通过对外援助方式开启了与非洲的农业合作。进入 21 世纪，随着中非合作论坛的召开，中非农业合作进入新阶段，在援非农业技术示范中心建设、农业南南合作和对外农业投资贸易等领域

---

① 萨义德·阿德朱莫比、盖迪翁·G. 加拉塔：《非洲崛起叙事与农业发展：深化中非关系》，聂晓译，载刘海方、宛如、柯文卿、刘均主编《非洲农业的转型发展与南南合作》，社会科学文献出版社，2018。

② UNCTAD, "Export Potential under the African Continental Free Trade Area Limited Prospects for the Least Developed Countries in Africa", *Policy Brief*, No. 94, February 2022.

取得了积极进展。① 其中，在对非农业贸易方面，自 2005 年开始中国逐步扩大对非洲最不发达国家的部分进口产品实施零关税政策的范围，并在符合检验检疫要求的情况下降低部分非洲优质农产品的市场准入门槛，有效扩大了中国自非洲进口农产品的规模。据统计，2020 年中国自非洲农产品进口额为 42.56 亿美元，较 2001 年的 1.87 亿美元年均增幅达到 17.87%。② 在对非农业投资方面，截至 2020 年底，中国在非农业投资企业超 200 家，涉及非洲国家共 35 个，投资存量为 11.1 亿美元，投资范围涵盖种植、养殖和农产品加工等各产业。③ 在对非农业援助方面，2012～2020 年在华培训非洲农业学员 7456 人次；通过实施援非百名农业专家、援非农业专家组等项目，培训非洲当地 5 万余人次，建成 23 个农业示范中心，④ 在有效提高受援国农业生产水平、营造与受援国良好外交环境、加速推进中国农业走出去等方面发挥了重要作用。⑤

为进一步贯彻落实习近平主席中非合作论坛讲话精神，务实扩大非洲农产品进口并建立输华"绿色通道"，作为中非经贸博览会的长期举办地，湖南省不断推动制度创新，大力提升非洲农产品进口便利化水平。2019 年第一届中非经贸博览会专设中非农业合作论坛，会上 7 个农业领域商业合作项目得以成功签署，涉及的合同金额达到 27.47 亿美元。⑥ 2020 年 5 月，湖南省出台全国首个地方对非经贸合作指导文件《关于落实中非合作八大行动 打造中非地方经贸合作高地的若干意见》，⑦ 明确指出鼓励湘企按政策规

---

① 耿建忠：《对非农业投资的历史逻辑、现实逻辑与路径选择》，《中国投资》（中英文）2022 年第 Z2 期。
② UN Comtrade，https://comtrade. un. org/.
③ 《新时代的中非合作》白皮书，中华人民共和国中央人民政府，http://www. gov. cn/zhengce/2021 – 11/26/content_5653540. htm。
④ 《新时代的中非合作》白皮书，中华人民共和国中央人民政府，http://www. gov. cn/zhengce/2021 – 11/26/content_5653540. htm。
⑤ 张晨、秦路：《我国农业援助项目可持续发展的路径分析与对策建议——以援非农业技术示范中心为例》，《国际经济合作》2018 年第 12 期。
⑥ 《对省政协十二届五次会议第 0140 号提案的答复》，湖南省商务厅，http://swt. hunan. gov. cn/swt/hnswt/85753/fdzdgknr/jytian/tiandafu/202206/t20220629_767243286982350720. html。
⑦ 《中共湖南省委办公厅湖南省人民政府办公厅印发〈关于落实中非合作八大行动 打造中非地方经贸合作高地的若干意见〉的通知》，湖南省商务厅，http://swt. hunan. gov. cn/swt/hnswt/swdt/yw/202106/t20210622_717435778474862080. html。

定在农业领域加大对非洲国家的投资和合作力度。2020 年 10 月，湖南自贸试验区获批，非洲非资源型产品集散交易加工中心正在加速建设，① 大批制度创新举措正加速中国自非农产品进口。② 例如，非洲咖啡街、可可营销中心在湘落地；③ 中国首次实现从非洲进口卢旺达干辣椒；④ 湖南首单跨境易货贸易（湖南建材换南非红西柚）试验成功；⑤ 中非（湘粤非）铁海联运试验班列成功开行；⑥ 永州—湘粤非铁海联运班列首发；⑦ 湖南首条直飞非洲（长沙—肯尼亚）的定期航班开通，"客改货"成为中非航线的特色模式；⑧ 2021 年 9 月，在第二届中非经贸博览会召开期间，首届中非食品和农产品合作论坛顺利举办，其中中非食品和农产品合作项目签约金额合计 5.10 亿美元；⑨ 2022 年 7 月，湖南开通首条至非洲国际货运航线，⑩ 并成功举办了非洲农产品进口论坛。⑪

　　然而，现阶段大部分非洲农产品主要流向欧美市场，2020 年中国自非

---

① 《湖南—非洲三国贸易合作推介会：打造非洲"非资源型"产品集散交易加工中心》，湖南省商务厅，http：//swt. hunan. gov. cn/hnswt/swdt/mt/202008/t20200819_984328174838527616. html。

② 黄婷婷、周月桂：《中非经贸合作，湖南先行先试》，《湖南日报》2022 年 4 月 3 日。

③ 《"非洲可可中国营销中心"落户长沙》，湖南省商务厅，https：//swt. hunan. gov. cn/swt/hnswt/swdt/mt/202008/t20200820_14927818146247552. html。

④ 《中国首次从非洲进口干辣椒产品》，新华网（湖南），http：//hn. news. cn/2021 - 08/05/c_1127733059. htm。

⑤ 《用建材换南非红西柚 湖南跨境易货贸易首单试单通关》，湖南省人民政府，http：//www. hunan. gov. cn/hnszf/hnyw/zwdt/202107/t20210721_19968346. html。

⑥ 《铁海联运促进国内国际双循环 湖南开出全国首趟中非班列》，华声在线，https：//hunan. voc. com. cn/article/202109/2021091513111262329. html。

⑦ 《永州首发中欧班列和湘粤非铁海联运班列系我省以铁路内支线与五大国际物流通道对接首例》，永州市人民政府，http：//www. yzcity. gov. cn/cnyz/yzyw/202205/f94472847371422ca5e85e10f7d04b59. shtml。

⑧ 《湖南首条直飞非洲定期航线正式开通》，中华人民共和国商务部，http：//africanunion. mofcom. gov. cn/article/jmjg/qt/201906/20190602873370. shtml。

⑨ 《首届中非食品和农产品合作论坛在长沙举行》，红网，https：//hn. rednet. cn/content/2021/09/27/10206000. html。

⑩ 《湖南开通首条至非洲国际货运航线》，华声在线，https：//hunan. voc. com. cn/article/202207/20220726192955255482. html。

⑪ 《"非洲农产品进口论坛"在长沙举行》，中非合作论坛，http：//www. focac. org. cn/chn/zfgx/jmhz/202207/t20220729_10730369. htm。

进口农产品的贸易额为 42.56 亿美元,仅占中非贸易总额的 2.27% ,[①] 长期处于"洼地",巨大的贸易潜力尚未释放。与此同时,现有研究关于非洲农产品不能大量进口至中国的原因在理论研究和现实调研结果上存在较大的偏差。

为此,本书从"供给—流通—需求"三个层面系统设计,结合"现状—理论—案例"三类研究方法,一方面,从供给、需求、流通、政治与安全四个层面对影响农产品贸易的因素和路径进行剖析;另一方面,在探究非洲农产品出口以及中国进口非洲农产品现状与特征的基础之上,重点聚焦非洲大宗农产品、"间接"进口非洲农产品及"受限"进口非洲农产品展开案例分析;同时,研究中国进口非洲农产品面临的机遇与挑战并提出展望。整体而言,本书能较为真实且全面地反映中国自非洲进口农产品的情况,以及中国扩大非洲农产品进口的困境和深层次原因,具有重要的理论意义和应用价值。

二 文献综述

农业发展对非洲减贫至关重要,[②] 不仅可以防止更多农村人口陷入贫困与饥饿,也为非洲工业化奠定了必要基础。[③] 非洲与中国距离虽远,但均以小农耕作为基础,[④] 且农产品结构互补、贸易潜力巨大。[⑤] 本部分将从非洲农业生产、农产品贸易以及农产品流通三方面对文献进行梳理。

---

① 据 UN Comtrade 测算,2020 年中非贸易总额为 1872.55 亿美元,其中中国自非进口额为 732.77 亿美元,中国对非出口额为 1139.78 亿美元。

② 李小云、陈刚:《中国农业发展经验示范非洲》,《中国投资》2017 年第 6 期;Festus Victor Bekun, Seyi Saint Akadiri, "Poverty and Agriculture in Southern Africa Revisited: A Panel Causality Perspective", *Sage Open*, Vol. 9, No. 1, 2019。

③ 舒运国:《非洲永远失去工业化的机会吗?》,《西亚非洲》2016 年第 4 期。

④ Eness Paidamoyo Mutsvangwa-Sammie, Emmanuel Manzungu, "Unpacking the Narrative of Agricultural Innovations as the Sine Qua Non of Sustainable Rural Livelihoods in Southern Africa", *Journal of Rural Studies*, Vol. 86, 2021; Tavneet Suri, Udry Christopher, "Agricultural Technology in Africa", *Journal of Economic Perspectives*, Vol. 36, No. 1, 2022.

⑤ 刘林青、周潞:《非洲农产品的国际竞争力及与中国贸易互补性分析》,《国际贸易问题》2010 年第 4 期;张海森、谢杰:《中国—非洲农产品贸易的决定因素与潜力——基于引力模型的实证研究》,《国际贸易问题》2011 年第 3 期。

　　首先，非洲农业资源丰富、生产历史悠久，孕育了诸如西部非洲、东部非洲和北部非洲等多个农业起源中心，但农业生产技术仍处落后状态。撒哈拉以南非洲仍有 75% 的农民依靠手工工具耕地；在安哥拉 500 万公顷农业用地中，机械设备使用面积仅为 10 万公顷。[①] 因此，引进外来技术、提高技能培训将有力地促进非洲农业发展。[②] 中国有几千年的农耕文明历史，积累了丰厚的耕作技术，农业发展经验与非洲资源禀赋互补，技术人才优势与非洲农业生产条件互补。[③] 中非农业的深度合作进一步解决了传统援助项目后续发展动力不足的问题，平衡了农业生产经验，大大提升了当地农产品的单位产量。[④] 但与此同时，水文干旱、[⑤] 气候变化、[⑥] 新冠疫情[⑦]等客观因素，以及机械化水平较低、[⑧] 对新育种技术的过度监管、[⑨] 对雨养

① 叶前林、翟亚超、何维达：《中非农业合作的历史发展特征、经验及挑战》，《国际贸易》2019 年第 10 期。

② Adeleke Salami, Abdul B. Kamara, Zuzana Brixiova, "Smallholder Agriculture in East Africa: Trends, Constraints and Opportunity", *African Development Bank Group Working Paper Series*, No. 105, April 2010.

③ 朱月季、高贵现、周德翼：《中非农业合作模式研究》，《经济纵横》2015 年第 1 期。

④ 马俊乐、齐顾波、于浩淼：《中国对非洲农业援助的理念和实践创新》，《世界农业》2019 年第 7 期。

⑤ Olufemi Sunday Durowoju, Temi Emmanuel Ologunorisa, Ademola Akinbobola, "Assessing Agricultural and Hydrological Drought Vulnerability in a Savanna Ecological Zone of Sub-Saharan Africa", *Natural Hazards*, Vol. 111, No. 3, 2022.

⑥ Ariel Ortiz-Bobea, et al., "Anthropogenic Climate Change Has Slowed Global Agricultural Productivity Growth", *Nature Climate Change*, Vol. 11, No. 4, 2021.

⑦ Eileen Bogweh Nchanji et al., "Immediate Impacts of COVID – 19 Pandemic on Bean Value Chain in Selected Countries in Sub-Saharan Africa", *Agricultural Systems*, Vol. 188, 2021; Dennis Egger et al., "Falling living Standards During the COVID – 19 Crisis: Quantitative Evidence from Nine Developing Countries", *Science Advances*, Vol. 7, No. 6, 2021; Bonginkosi E. Mthembu, Xolile Mkhize, Georgina D. Arthur, "Effects of COVID – 19 Pandemic on Agricultural Food Production among Smallholder Farmers in Northern Drakensberg Areas of Bergville, South Africa", *Agronomy-Basel*, Vol. 12, No. 2, 2022.

⑧ Megan Sheahan, Christopher B. Barrett, "Ten Striking Facts about Agricultural Input Use in Sub-Saharan Africa", *Food Policy*, Vol. 67, 2017.

⑨ Matin Qaim, "Role of New Plant Breeding Technologies for Food Security and Sustainable Agricultural Development", *Applied Economic Perspectives and Policy*, Vol. 42, No. 2, 2020.

农业的强烈依赖、① 灌溉设施缺乏②等主观因素对非洲农业生产仍产生较大影响。从发展水平看，2000～2020 年，非洲农业产值增速超过 180%，但总体归因于农业用地的扩张，③ 而非农业生产力的进步。④ 技术效率低下是其生产力增长受限的主要原因，⑤ 也是阻碍非洲农业结构转型的关键一步。⑥为实现农业增产与福利增长的同步，肯尼亚、尼日尔、⑦ 多哥⑧等非洲国家正实施一系列农业扶持计划，摒弃了以往以农业作为工业化工具或忽视农业的传统发展范式，为非洲农业发展带来了新希望。但农业技术推广与技术采用的转换率不高，不完善的劳动力市场牵制着现有灌溉与机械化的使用率，土地产权不清及农民信心匮乏导致农业投资水平低下，⑨ 始终受到外

---

① Janpeter Schilling et al. , "Climate Change Vulnerability, Water Resources and Social Implications in North Africa", *Regional Environmental Change*, Vol. 20, No. 1, 2020.

② Lorenzo Rosa et al. , "Global Agricultural Economic Water Scarcity", *Science Advances*, Vol. 6, No. 18, 2020; Tavneet Suri, Udry Christopher, "Agricultural Technology in Africa", *Journal of Economic Perspectives*, Vol. 36, No. 1, 2022.

③ 李小云、李嘉毓、徐进:《非洲农业:全球化语境下的困境与前景》,《国际经济评论》2020 年第 5 期；Chaopeng Hong et al. , "Global and Regional Drivers of Land-Use Emissions in 1961 – 2017", *Nature*, Vol. 589, No. 7843, 2021。

④ 黄梅波、刘斯润:《非洲经济发展模式及其转型——结构经济学视角的分析》,《国际经济合作》2014 年第 3 期；Thomas S. Jayne, Pedro A. Sanchez, "Agricultural Productivity Must Improve in Sub-Saharan Africa", *Science*, Vol. 327, No. 6546, 2021。

⑤ Philip Kofi Adom, Samuel Adams, "Decomposition of Technical Efficiency in Agricultural Production in Africa into Transient and Persistent Technical Efficiency under Heterogeneous Technologies", *World Development*, Vol. 129, 2020.

⑥ Bustos Paula, Garber Gabriel, Ponticelli Jacopo, "Capital Accumulation and Structural Transformation", *The Quarterly Journal of Economics*, Vol. 135, No. 2, 2020; Douglas Gollin, Casper Worm Hansen, Asger Mose Wingender, "Two Blades of Grass: The Impact of the Green Revolution", *National Bureau of Economic Research Working Paper*, June 2018.

⑦ Tavneet Suri, Udry Christopher, "Agricultural Technology in Africa", *Journal of Economic Perspectives*, Vol. 36, No. 1, 2022.

⑧ Simon T. Berge et al. , "Cooperative Development: Sustainability Agricultural Planning Viewed Through Cooperative Equilibrium Management Theory in Togo, Africa", *Frontiers in Sustainable Food Systems*, Vol. 5, 2021.

⑨ Tavneet Suri, Udry Christopher, "Agricultural Technology in Africa", *Journal of Economic Perspectives*, Vol. 36, No. 1, 2022.

部思潮干扰①等现象依然制约着非洲农业的发展。

其次，关于农产品贸易，现有文献主要集中探讨中国与东盟、②"一带一路"沿线国家、③美国、④印度⑤等国家和地区的农产品贸易关系；部分研究考虑到贸易摩擦、⑥新冠疫情⑦等冲击下中国农产品贸易的演变特征。关于中非农产品贸易研究，主要集中在整体规模、结构特点等一般性分析。⑧既有研究表明，非洲以出口经济作物，尤其是初级产品为主。⑨农产

---

① 李小云、李嘉毓、徐进：《非洲农业：全球化语境下的困境与前景》，《国际经济评论》2020 年第 5 期；Vibeke Bjornlund, Henning Bjornlund, Andre F. Van Rooyen, "Why Agricultural Production in Sub-Saharan Africa Remains Low Compared to the Rest of the World—A Historical Perspective", *International Journal of Water Resources Development*, Vol. 36, 2020；杨颖红、李海峰、李岩：《中非农产品贸易效率与贸易潜力研究——基于中非农产品贸易数据的再实证》，《新疆财经》2022 年第 3 期。

② 赵雨霖、林光华：《中国与东盟 10 国双边农产品贸易流量与贸易潜力的分析——基于贸易引力模型的研究》，《国际贸易问题》2008 年第 12 期；孙林、倪卡卡：《东盟贸易便利化对中国农产品出口影响及国际比较——基于面板数据模型的实证分析》，《国际贸易问题》2013 年第 4 期。

③ 何敏、张宁宁、黄泽群：《中国与"一带一路"国家农产品贸易竞争性和互补性分析》，《农业经济问题》2016 年第 11 期；别诗杰、祁春节：《中国与"一带一路"国家农产品贸易的竞争性与互补性研究》，《中国农业资源与区划》2019 年第 11 期。

④ 尹伟华：《中美农业双边贸易分解和潜力分析》，《上海经济研究》2019 年第 8 期。

⑤ 孙致陆、李先德：《经济全球化背景下中国与印度农产品贸易发展研究——基于贸易互补性、竞争性和增长潜力的实证分析》，《国际贸易问题》2013 年第 12 期；林涛、黄银锻：《"一带一路"背景下中印农产品贸易关系分析》，《亚太经济》2020 年第 3 期。

⑥ 张恪渝、刘崇献、周玲玲：《中美贸易摩擦对我国农产品贸易增加值的影响效应》，《上海经济研究》2020 年第 7 期；孙东升、苏静萱、李宁辉、张琳：《中美贸易摩擦对中美农产品贸易结构的影响研究》，《农业经济问题》2021 年第 1 期。

⑦ 李先德、孙致陆、贾伟、曹芳芳、陈秧分、袁龙江：《新冠肺炎疫情对全球农产品市场与贸易的影响及对策建议》，《农业经济问题》2020 年第 8 期；顾善松、张蕙杰、赵将、陈天金、翟琳：《新冠肺炎疫情下的全球农产品市场与贸易变化：问题与对策》，《世界农业》2021 年第 1 期。

⑧ 杨文倩、杨军、王晓兵：《中非农产品贸易国别变化时空分析》，《地理研究》2013 年第 7 期；许志瑜：《中国与非洲农业合作战略研究》，《国际经济合作》2014 年第 12 期；杨静、陈晓梅：《中国与非洲农产品贸易的特点与发展潜力》，《世界农业》2018 年第 9 期；李小云、李嘉毓、徐进：《非洲农业：全球化语境下的困境与前景》，《国际经济评论》2020 年第 5 期。

⑨ 姚桂梅：《非洲农业危机的根源》，《西亚非洲》2002 年第 3 期。

品的专业化出口与其经济增长呈正相关，① 因此采用政策干预以刺激农产品出口供应是实现非洲经济增长的必然要求。② 有学者进一步提出，农产品制成品出口对非洲经济增长的贡献远大于初级产品，③ 推动非洲农产品加工能力增长的重要性不言自明。此外，自由贸易区、区域货币一体化等政策对非洲农产品出口也具有加成效应。④ 近半个世纪以来，非洲农业对其 GDP 的贡献率基本稳定在 15% 左右，相较于 5% 的世界平均水平，⑤ 农业显然是非洲大部分国家的支柱产业和优先发展领域，⑥ 农产品贸易自然成为中非经贸合作中的重要议题之一。⑦ 非洲农产品向中国的出口额从 2001 年的 1.87 亿美元上升至 2020 年的 42.56 亿美元，但占非洲农产品出口总额的比例一直处于"洼地"，未能体现出双方的互补优势，⑧ 更没有释放出巨大的合作潜力。⑨ 关

---

① Wim Naude, Maarten Bosker, Marianne Matthee, "Export Specialisation and Local Economic Growth", *World Economy*, Vol. 33, No. 4, 2010.

② Verter Nahanga, Becgvárová Věra, "The Impact of Agricultural Exports on Economic Growth in Nigeria", *Acta Universitatis Agriculturae et Silviculturae Mendelianae Brunensis*, Vol. 64, No. 2, 2016.

③ Courage Mlambo, Peter Mukarumbwa, Ebenezer Megbowon, "An Investigation of the Contribution of Processed and Unprocessed Agricultural Exports to Economic Growth in South Africa", *Cogent Economics & Finance*, Vol. 7, No. 1, 2019.

④ Richardson K. Edeme, Chigozie Nelson Nkalu, Chinenye E. Iloka, "Potential Impacts of Free Trade Areas and Common Currency on Sustainable Agricultural Export in Africa", *Journal of Public Affairs*, Vol. 22, No. 1, 2020.

⑤ Tavneet Suri, Udry Christopher, "Agricultural Technology in Africa", *Journal of Economic Perspectives*, Vol. 36, No. 1, 2022.

⑥ 谢杰、刘学智：《直接影响与空间外溢：中国对非洲农业贸易的多边阻力识别》，《财贸经济》2016 年第 1 期；Vibeke Bjornlund, Henning Bjornlund, Andre F. Van Rooyen, "Why Agricultural Production in Sub-Saharan Africa Remains Low Compared to the Rest of the World—A Historical Perspective", *International Journal of Water Resources Development*, Vol. 36, 2020。

⑦ Marco Fiorentini, "How is the Chinese 'Going Out' Policy Having an Impact on Agriculture-Related Trade with Africa? A Political and Economic Analysis of Sino-African Relations", *Future Agricultures Working Paper*, January 2016；杨军、董婉璐、崔琦：《中非农产品贸易在 1992～2017 年变化特征分析及政策建议》，《农林经济管理学报》2019 年第 3 期。

⑧ 张海森、谢杰：《中国—非洲农产品贸易的决定因素与潜力——基于引力模型的实证研究》，《国际贸易问题》2011 年第 3 期。

⑨ 杨军、董婉璐、崔琦：《中非农产品贸易在 1992～2017 年变化特征分析及政策建议》，《农林经济管理学报》2019 年第 3 期；栾一博、曹桂英、史培军：《中非农产品贸易强度及其国际地位演变分析》，《世界地理研究》2019 年第 4 期。

于中非农产品贸易障碍，一般归结于非洲国家的政治和农业政策、生产生活传统、巨大的农业技术差异以及不稳定的政局等因素。[1]

最后，鉴于农业在国计民生中的特殊地位，农产品在流通中存在清关手续烦琐、[2] 准入门槛[3]与农产品关税[4]居高不下等保护主义始终盛行的现象，但实际上其对贸易的抑制效应不言而喻，尤其是出口补贴对农产品贸易造成了严重扭曲。[5] 而致力于为农产品贸易创建更为公平贸易环境的多哈回合谈判则囿于各国利益难以弥合，屡次破裂。因此，借助区域贸易协定、[6] 加强公路交通网络[7]和仓储[8]等基础设施建设，建立标准互认体

---

① 姚桂梅：《非洲农业危机的根源》，《西亚非洲》2002 年第 3 期；高贵现、周德翼：《免关税政策对中非贸易的影响分析及启示——基于免关税农产品的面板数据分析》，《国际经贸探索》2014 年第 4 期；高贵现、朱月季、周德翼：《中非农业合作的困境、地位和出路》，《中国软科学》2014 年第 1 期；李昊、黄季焜：《中非农产品贸易：发展现状及影响因素实证研究》，《经济问题探索》2016 年第 4 期；杨军、董婉璐、崔琦：《中非农产品贸易在 1992～2017 年变化特征分析及政策建议》，《农林经济管理学报》2019 年第 3 期。

② 董立、高奇正：《贸易便利化、邻国效应与双边农产品出口——基于中国及周边国家空间模型的经验研究》，《世界农业》2020 年第 4 期。

③ 吕建兴、王艺、张少华：《FTA 能缓解成员国对华贸易摩擦吗？——基于 GTA 国家—产品层面的证据》，《数量经济技术经济研究》2021 年第 5 期。

④ Maria Cipollina, Luca Salvatici, "On the Effects of EU Trade Policy: Agricultural Tariffs Still Matter", *European Review of Agricultural Economics*, Vol. 47, No. 4, 2020.

⑤ 程国强、刘合光：《多哈农业谈判：取消出口补贴的影响分析》，《管理世界》2006 年第 7 期；Vasily Erokhin, Anna Ivolga, Wim Heijman, "Trade Liberalization and State Support of Agriculture: Effects for Developing Countries", *Agricultural Economics-Zemedelska Ekonomika*, Vol. 60, No. 11, 2014; Kym Anderson, Ernesto Valenzuela, "What Impact Are Subsidies and Trade Barriers Abroad Having on Australasian and Brazilian Agriculture?", *Australian Journal of Agricultural and Resource Economics*, Vol. 65, No. 2, 2021。

⑥ Diwakar Dixit, Thakur Parajuli, "The Preferential Trade Conundrum and the Multilateral Market Access Negotiations in Agriculture", *Journal of World Trade*, Vol. 53, No. 4, 2019；祝志勇、崔凌瑜：《中国同"一带一路"沿线国家农产品贸易推进策略》，《理论探讨》2021 年第 6 期。

⑦ Sebastian Sotelo, "Domestic Trade Frictions and Agriculture", *Journal of Political Economy*, Vol. 128, No. 7, 2020；李明、喻妍、许月艳、李崇光：《中国出口 RCEP 成员国农产品贸易效率与潜力——基于随机前沿引力模型的分析》，《世界农业》2021 年第 8 期。

⑧ 刘宏曼、王梦醒：《贸易便利化对农产品贸易成本的影响——基于中国与"一带一路"沿线国家的经验证据》，《经济问题探索》2018 年第 7 期；周跃雪：《"一带一路"农产品贸易便利化及其制度建设对策》，《农村经济》2018 年第 7 期。

系,① 简化审批手续②等贸易便利化措施成为促进农产品贸易的先行措施。

综上,现有研究对中非农产品贸易及非洲农产品进口通道建设的关注程度并不高。一方面,既有研究在一定程度上不仅忽视了非洲农产品从生产到贸易的系统性,也未能充分考虑非洲农产品出口的历史特征与现实特征;另一方面,大多数研究基于贸易数据对中非农产品的贸易现状与特征进行了详尽刻画,但缺乏理论分析,同时未能针对中非农产品贸易的典型事实并结合具体案例总结归纳出"双循环"新发展格局下扩大非洲农产品进口的真实困境和深层次问题。实际上,非洲是中国的全面战略合作伙伴,③ 是"一带一路"倡议的自然和历史延伸,也是人类命运共同体的主要力量和落脚点。④ 自2000 年中非合作论坛成功召开以来,中非经贸关系驶入了快车道。2009 年至今,中国已连续 13 年稳居非洲第一大贸易伙伴国地位。但与此同时,中非经贸合作的迅猛发展也触动着西方国家的敏感神经,本是友好的国际援助,却被曲解为"资源掠夺",⑤ 西方国家还指责中非贸易结构严重失衡。⑥ 基于此,本书在系统厘清中国自非洲进口农产品现状与特征的基础上,探究其面临的痛点和难点问题,既满足中国消费升级需要、丰富产品来源,又能优化对非

① 宫同瑶、辛贤、潘文卿:《贸易壁垒变动对中国—东盟农产品贸易的影响——基于边境效应的测算及分解》,《中国农村经济》2012 年第 2 期;杨扬、袁媛、李杰梅:《基于 HACCP 的生鲜农产品国际冷链物流质量控制体系研究——以云南省蔬菜出口泰国为例》,《北京交通大学学报》(社会科学版)2016 年第 2 期;李董林、焦点、李春顶:《入世 20 年与中国农业贸易发展变迁》,《世界农业》2022 年第 6 期。

② 胡超:《中国—东盟自贸区进口通关时间的贸易效应及比较研究——基于不同时间密集型农产品的实证》,《国际贸易问题》2014 年第 8 期。

③ 《习近平在中非合作论坛约翰内斯堡峰会上的总结讲话(全文)》,央广网,http://news.cnr.cn/native/gd/20151206/t20151206_520700357.shtml。

④ 顾学明:《总结"一带一路"经贸合作成果 推动"一带一路"建设行稳致远——〈中国"一带一路"贸易投资发展研究报告〉介绍》,《中国外资》2018 年第 19 期。

⑤ 《中国发展对世界经济的影响》课题组、赵晋平、胡江云、赵福军:《中国发展对世界经济的影响》,《管理世界》2014 年第 10 期;李新烽、李玉洁:《冲突框架与中立转向:2002～2016年 BBC 中非关系报道分析》,《新闻与传播研究》2018 年第 3 期;阎虹戎、张小鹿、黄梅波:《互利共赢:中国对外援助与受援国出口能力提升》,《世界经济研究》2020 年第 3 期。

⑥ 高贵现、周德翼:《免关税政策对中非贸易的影响分析及启示——基于免关税农产品的面板数据分析》,《国际经贸探索》2014 年第 4 期;田伊霖、武芳:《推进中非贸易高质量发展的思考——2018 年中非贸易状况分析及政策建议》,《国际贸易》2019 年第 6 期。

进口结构、回应"资源掠夺论"。

三　主要创新点

本书的创新点主要体现在以下三个方面。

一是首次系统性地从"供给—流通—需求"三个层面探究非洲农产品出口情况及中国自非农产品进口现状与潜力。以往文献大多从经济学视角分析中非农产品资源禀赋的互补优势，但是鲜有文献基于非洲农产品出口视角，从宏观层面动态梳理其出口的历史特征与现实特征；并且，现有文献大多从单一视角对中国自非农产品进口现状与特征进行分析，尚未从"供给—流通—需求"三方面展开系统分析。

二是构建影响非洲农产品国际贸易的综合理论分析框架。当前，国内外结合国际贸易学相关理论分析农产品国际贸易成因的研究较少。相较于普通贸易品，农产品贸易直接影响国家粮食安全，且更容易受到国际市场价格、关税与非关税政策、市场需求等诸多不确定性因素的影响。在此背景下，本书基于农产品贸易特征，结合国际贸易学古典理论、新古典理论和新贸易理论等论述，在探究农产品国际贸易成因的同时，从供给—需求—流通—政治与安全四个维度对影响农产品贸易的因素和路径进行剖析，并由此构建影响非洲农产品国际贸易的综合理论分析框架。

三是归纳并总结非洲重点农产品的生产与出口情况。综观现有文献，大多是从整体对中国自非农产品进口现状和特征进行剖析，鲜有文献选择某一类或某两类农产品的进口情况进行重点分析，其深度和广度还有待进一步优化。基于此，本书结合非洲农产品资源禀赋、中国消费潜力以及中国自非洲农产品进口现状等特征，从大宗农产品进口、"间接"农产品进口以及"受限"农产品进口三个方面，共选择12类非洲具有代表性的特色农产品，从"供给—流通—需求"三个维度进行系统探究。

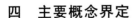
四 主要概念界定

(一) 非洲国家

根据联合国公布的数据，非洲共有 54 个联合国会员国。[①] 在地理上习惯将非洲分为北部非洲、东部非洲、西部非洲、中部非洲和南部非洲五个区域，详见表 1-1。截至 2022 年 8 月 31 日，除南部非洲的斯威士兰外，中国已与非洲 53 国建交。这些国家也正是 2021 年中非合作论坛第八届部长级会议的参会国。基于此，在后续分析中，本书将以与中国建交的 53 个非洲国家为研究对象。

表 1-1 非洲国家分布

位置	国家
北部非洲（6 个）	埃及、苏丹、利比亚、突尼斯、阿尔及利亚、摩洛哥
东部非洲（11 个）	埃塞俄比亚、厄立特里亚、索马里、吉布提、肯尼亚、坦桑尼亚、乌干达、卢旺达、南苏丹、布隆迪、塞舌尔
西部非洲（16 个）	毛里塔尼亚、塞内加尔、冈比亚、马里、布基纳法索、几内亚、几内亚比绍、佛得角、塞拉利昂、利比里亚、科特迪瓦、加纳、多哥、贝宁、尼日尔、尼日利亚
中部非洲（8 个）	乍得、中非、喀麦隆、赤道几内亚、加蓬、刚果（布）、刚果（金）、圣多美和普林西比
南部非洲（13 个）	赞比亚、安哥拉、津巴布韦、马拉维、莫桑比克、博茨瓦纳、纳米比亚、南非、斯威士兰、莱索托、马达加斯加、科摩罗、毛里求斯

资料来源：笔者根据联合国公布的数据自制而成。

(二) 农产品

在研究农产品贸易的相关文献中，国内外学者对农产品范围的界定存在分歧，尚未形成一致的统计口径。本书参照《中国农产品发展报告》和《中国农产品进出口月度统计报告》的统计方式，按照《商品名称及编码协调制度》（The Harmonized Commodity Description and Coding System，以下简

[①] United Nations, https://www.un.org/en/about - us/member - states.

称"HS"),在 WTO《农业协定》的基础上增加水产品,即涵盖种植业、畜牧业和渔业,详见表 1－2。此外,根据非洲资源禀赋以及农业发展特征,本书将对非洲天然橡胶和木材的生产与贸易情况进行专项分析。

表 1－2 农产品范围(以 HS 编码为基础)

涵盖章节	涵盖具体产品
1－24 章	活动物及动物产品(1－5 章),植物产品(6－14 章),动、植物油、脂、蜡,精制食用油脂(15 章),食品、饮料、酒及醋、烟草及制品(16－24 章)
其他	甘露糖醇(2905.43),山梨醇(2905.44),精油(33.01),蛋白类物质、改性淀粉、胶(35.01－35.05),整理剂(3809.1),2905.44 以外的山梨醇(3823.6),生皮(41.01－41.03),生毛皮(43.01),生丝和废丝(50.01－50.03),羊毛和动物毛(51.01－51.03),原棉、废棉和已梳棉(52.01－52.03),生亚麻(53.01),生大麻(53.02)

(三)农产品进口"绿色通道"

农产品进口"绿色通道"是指在农产品进口过程中,海关总署等相关部门重点从流通端通过优化市场准入流程,适度降低进口关税水平,完善物流通道建设,加快农产品品牌建设等方式打破农产品进口阻碍并疏通进口渠道,最终实现以更快速度、更低成本和更为安全进口农产品的有效路径。

据了解,自第八届中非合作论坛成功举办以来,海关总署积极落实非洲农产品输华"绿色通道"建设,制定了切实可行的准入便利举措:一是对非洲国家提出的农产品准入申请予以优先考虑,在收到相关技术资料后,立即启动风险分析,加快推动检疫准入工作;二是对某些来自同一个国家、加工工艺相近的农产品,或来自不同国家的同一种农产品,在风险可控的前提下,合并实施风险评估,加快准入流程;三是对非洲国家已获准入农产品的企业便利注册,采用视频检查或文件审查等灵活方式,加快评估和注册等。[①]

---

① 《外交部发言人:支持更多非洲优质特色农食产品进入中国市场》,中国政府网,http://www.gov.cn/xinwen/2022－8/16/content_5705588.htm。

（四）大宗农产品

大宗农产品是指在商品农业经济结构（如生产量、消费量、贸易量、运输量等）中占有较大权重的农产品，交易方式有现货交易和期货交易之分。其中，现货交易是从事农产品现货交易的市场形式，包括批发市场、集贸市场和终端零售市场等。相对于现货交易而言，期货交易是采用期货交易方式进行农产品交易的市场形式。当前，全球农产品期货品种主要有谷物类、软商品类、油籽类、乳品类、木材类、禽畜类、禽畜产品类等；代表性的期货交易所包括芝加哥期货交易所、纽约期货交易所、郑州商品交易所以及大连商品交易所等。鉴于期货产品具备标准化特征，本书所指的大宗农产品主要为大宗期货农产品，包括咖啡、花生、芝麻和棉花等。本书第五章将重点对非洲咖啡、花生、芝麻和棉花的生产和出口情况展开具体分析。

（五）"间接"进口农产品

相对于直接进口而言，间接进口具体是指在贸易流通环节进口商为享受优惠贸易条款或实现避税等目的，将生产国商品在第三国或地区加工后，通过改变其原产地从而实现以更低成本进口。例如，从地理路径来看，中国从非洲进口初级农产品通常要经过马六甲海峡，东盟国家（马来西亚、新加坡、越南等）有着天然的物流通道优势；同时，在关税方面，由于中国与东盟达成了自由贸易协定，加工后的农产品基本是进口零关税，且不违反《WTO 原产地规则协议》和《中国—东盟自由贸易区原产地规则》，形成了加工贸易的关税通道优势。在此背景下，部分非洲农产品会先出口至东南亚市场进行加工，再间接出口至中国，形成了"借道"贸易的模式。本书在第六章将以腰果、可可和橡胶为例探究中国"间接"进口非洲农产品的现状特征与潜力。

（六）"受限"农产品

"受限"农产品是指受到供给、流通或需求等因素的制约而贸易规模较小的农产品。在本书中特指因受到关税和非关税壁垒等因素制约，其直接出口至中国的规模较小、巨大的贸易潜力有待进一步释放的非洲农产品。

本书在第七章将以辣椒、海鲜、鲜花、水果和木材五类产品为例，就"受限"非洲农产品的供给特征与中国进口潜力展开分析。

五 主要数据来源与说明

（一）农产品生产数据

非洲农产品生产数据来源于联合国粮食及农业组织（Food and Agriculture Organization of the United Nations，以下简称"FAO"）数据库。FAO 是引领国际消除饥饿的联合国专门机构，拥有 195 个成员，包括 194 个成员国及欧盟，下设 FAOSTAT 数据库，为全球 245 个国家及地区提供自 1961 年至今的粮食和农业数据。

FAOSTAT 所涉及的数据主要包括：生产量、粮食安全与营养、食品收支、贸易、价格、土地、农资和可持续、人口与就业、投资、宏观经济指标、气候变化、林业、可持续发展目标指标、世界农业普查、已终止的档案和数据系列。在具体操作过程中，本书选择生产量中的作物和牲畜产品，并采用"Production Quantity（Element）"这一指标来衡量非洲农产品产量。数据查询网站为 https：//www. fao. org/faostat。

（二）农产品贸易数据

农产品贸易数据来源于联合国贸易数据库（United Nations Comtrade Database，以下简称"UN Comtrade"）。UN Comtrade 由联合国统计司提供，包含了自 1962 年以来全世界近 200 个国家和地区的商品贸易统计数据，已积累近 70 亿条记录。数据库中商品分类遵循《国际贸易商品标准分类》（SITC），编码遵循《商品名称及编码协调制度》。

在贸易数据查询过程中，出口国和进口国的统计方式不同，如出口国以 FOB 价格作为统计基础，而进口国使用 CIF 价格，导致对于同一笔贸易在选择不同的报告国、伙伴国和贸易流向的时候数据存在较大差异。为保证农产品贸易数据的查询规则保持一致，以进一步确保数据的可比性，本书在此统一贸易数据的查询标准：关于非洲农产品出口数据，统一选择非

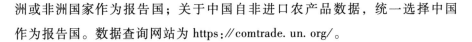

洲或非洲国家作为报告国；关于中国自非进口农产品数据，统一选择中国作为报告国。数据查询网站为 https：//comtrade. un. org/。

（三）中国进口关税数据

根据《中华人民共和国进出口税则（2022）》（以下简称《条例》），中国进口关税主要包括最惠国税率、协定税率、特惠税率、普通税率、关税配额税率和暂定税率。

1. 最惠国税率

根据《条例》规定，原产于共同适用最惠国待遇条款的世界贸易组织（World Trade Organization，WTO）成员的进口货物，原产于与中华人民共和国签订含有相互给予最优惠待遇条款的双边贸易协定的国家或者地区的进口货物，以及原产于中华人民共和国境内的进口货物，适用最惠国税率。

根据 WTO 公布的资料，截至 2022 年 8 月 31 日，非洲已有 44 个国家加入世界贸易组织。表 1-3 按照加入时间的先后顺序对 WTO 非洲成员国进行了梳理。由此可知，除斯威士兰外，中国对原产于表中 43 个已加入 WTO 的非洲国家的进口商品征收最惠国税率。

表 1-3　WTO 非洲成员国及其加入时间

序号	成员国	加入时间	序号	成员国	加入时间
1	科特迪瓦	1995 年 1 月 1 日	14	赞比亚	1995 年 1 月 1 日
2	斯威士兰	1995 年 1 月 1 日	15	津巴布韦	1995 年 3 月 5 日
3	加蓬	1995 年 1 月 1 日	16	突尼斯	1995 年 3 月 29 日
4	加纳	1995 年 1 月 1 日	17	博茨瓦纳	1995 年 5 月 31 日
5	肯尼亚	1995 年 1 月 1 日	18	中非	1995 年 5 月 31 日
6	毛里求斯	1995 年 1 月 1 日	19	吉布提	1995 年 5 月 31 日
7	摩洛哥	1995 年 1 月 1 日	20	几内亚比绍	1995 年 5 月 31 日
8	纳米比亚	1995 年 1 月 1 日	21	莱索托	1995 年 5 月 31 日
9	尼日利亚	1995 年 1 月 1 日	22	马拉维	1995 年 5 月 31 日
10	塞内加尔	1995 年 1 月 1 日	23	马里	1995 年 5 月 31 日
11	南非	1995 年 1 月 1 日	24	毛里塔尼亚	1995 年 5 月 31 日
12	坦桑尼亚	1995 年 1 月 1 日	25	多哥	1995 年 5 月 31 日
13	乌干达	1995 年 1 月 1 日	26	布基纳法索	1995 年 6 月 3 日

序号	成员国	加入时间	序号	成员国	加入时间
27	埃及	1995 年 6 月 30 日	36	乍得	1996 年 10 月 19 日
28	布隆迪	1995 年 7 月 23 日	37	冈比亚	1996 年 10 月 23 日
29	塞拉利昂	1995 年 7 月 23 日	38	安哥拉	1996 年 11 月 23 日
30	莫桑比克	1995 年 8 月 26 日	39	尼日尔	1996 年 12 月 13 日
31	几内亚	1995 年 10 月 25 日	40	刚果（金）	1997 年 1 月 1 日
32	马达加斯加	1995 年 11 月 17 日	41	刚果（布）	1997 年 3 月 27 日
33	喀麦隆	1995 年 12 月 13 日	42	佛得角	2008 年 7 月 23 日
34	贝宁	1996 年 2 月 22 日	43	塞舌尔	2015 年 4 月 26 日
35	卢旺达	1996 年 5 月 22 日	44	利比里亚	2016 年 7 月 14 日

资料来源：作者根据世界贸易组织公布的数据自制而成。

2. 协定税率

根据《条例》规定，原产于与中华人民共和国签订含有关税优惠条款的区域性贸易协定的国家或者地区的进口货物，适用协定税率。截至 2022 年 8 月 31 日，在中国已签署的 19 份区域贸易协定中，《中华人民共和国政府和毛里求斯共和国政府自由贸易协定》及相关协定是中国与非洲国家签署的第一份也是唯一一份自由贸易协定，已于 2021 年 1 月 1 日正式生效。该协定规定对原产于毛里求斯共和国的部分进口货物，适用协定税率；其中，对原产于毛里求斯共和国的食糖（HS17011200、HS17011300、HS17011400、HS17019100、HS17019910、HS17019920 和 HS17019990）实施国别关税配额管理，并适用相应的协定税率。

此外，基于关税成本考虑，部分非洲农产品依托《中华人民共和国与东南亚国家联盟全面经济合作框架协议》（以下简称"中国—东盟自贸协定"）协定税率"借道"东盟出口至中国。中国—东盟自贸协定旨在对原产于文莱、柬埔寨、印度尼西亚、老挝、马来西亚、缅甸、菲律宾、新加坡、泰国、越南的部分进口货物适用协定税率。

3. 特惠税率

根据《条例》规定，原产于与中华人民共和国签订含有特殊关税优惠条款的贸易协定的国家或者地区的进口货物，适用特惠税率。根据中华人民共和国给予同中华人民共和国建交的最不发达国家部分产品零关税待遇的承诺，中国对原产于非洲33个国家的部分进口货物，适用97%税目零关税特惠税率。这33个国家包括：埃塞俄比亚、安哥拉、贝宁、布基纳法索、布隆迪、多哥、厄立特里亚、冈比亚、刚果（金）、吉布提、几内亚比绍、几内亚、科摩罗、莱索托、利比里亚、卢旺达、马达加斯加、马拉维、马里、毛里塔尼亚、莫桑比克、南苏丹、尼日尔、塞拉利昂、塞内加尔、圣多美和普林西比、苏丹、索马里、坦桑尼亚、乌干达、赞比亚、乍得、中非。

4. 普通税率

根据《条例》规定，原产于除适用最惠国税率、协定税率、特惠税率国家或者地区以外的国家或者地区的进口货物，以及原产地不明的进口货物，适用普通税率。

5. 关税配额税率

根据《条例》规定，实行关税配额管理的进口货物，关税配额内的，适用关税配额税率，关税配额外的依照《条例》的有关规定实行。这类货物具体包括小麦（包括其粉、粒）、玉米（包括其粉、粒）、大米（包括其粉、粒）、食糖、羊毛、毛条、棉花和化肥。

6. 暂定税率

适用最惠国税率、协定税率、特惠税率、关税配额税率的进口货物在一定期限内可以实行暂定税率。

7. 税率的适用顺序

当最惠国税率低于或等于协定税率时，协定有规定的，按照协定的规定执行；协定无规定的，二者从低适用。

适用最惠国税率的进口货物有暂定税率的，应当适用暂定税率；适用协定税率、特惠税率的进口货物有暂定税率的，应当从低适用税率；适用普通税率的进口货物，不适用暂定税率。

（四）美国进口关税数据

根据美国国际贸易委员会（United States International Trade Commission,

USITC）公布的《2022 年美国协调关税表》（第五版）（Harmonized Tariff Schedule of the United States，HTSUS），美国进口关税包括两大类，即关税 1（Rates of Duty 1）和关税 2（Rates of Duty 2）。通常情况下，美国对原产于非洲国家的进口商品征收关税 1，查询网站为 https://hts.usitc.gov/。

关税 1 适用于除特殊情况外的所有进口产品，具体涵盖一般进口税率（General）和特殊进口税率（Special）。其中，一般进口税率是指与美国保持一般或正常贸易关系且无权享受特殊进口关税优惠待遇的国家在向美国出口商品时所适用的税率；而特殊进口税率运用于与美国签署贸易协定的国家所出口的商品。如果进口产品满足多项优惠条款，则从低适用。根据HTSUS，在美国执行的优惠关税协议中，与非洲直接相关的主要包括《普惠制》（Generalized System of Preferences，GSP）和《非洲增长与机遇法案》（African Growth and Opportunity Act，AGOA）。

（1）GSP 是指工业发达国家对发展中国家或地区出口的制成品和半制成品给予普遍的、非歧视的、非互惠的关税制度。根据美国的普惠制，并非所有原产于受惠国的产品均可享受普惠制待遇，美国政府通常会根据其经贸政策的需要确定给惠产品，并不时对产品名单作出调整。给惠产品可以根据 HTSUS "Special" 栏的 Special Program Indicator（SPI）代码查阅。其中 "A" 指进口自任一受惠国的产品均适用普惠制待遇；"A +" 指当产品从最不发达受惠国进口时才可以适用普惠制待遇，以及 "A*" 指产品仅从一个或多个特定的受惠国进口时才适用普惠制待遇。

根据 HTSUS，49 个非洲国家在向美国出口商品时享受普惠制，包括阿尔及利亚、安哥拉、贝宁、博茨瓦纳、布基纳法索、布隆迪、科特迪瓦、喀麦隆、佛得角、中非、乍得、科摩罗、刚果（金）、刚果（布）、吉布提、埃及、厄立特里亚、斯威士兰、埃塞俄比亚、加蓬、冈比亚、加纳、几内亚、几内亚比绍、肯尼亚、莱索托、利比里亚、马达加斯加、马拉维、马里、毛里塔尼亚、毛里求斯、莫桑比克、纳米比亚、尼日尔、尼日利亚、卢旺达、圣多美和普林西比、塞内加尔、塞拉利昂、索马里、南非、南苏丹、坦桑尼亚、多哥、突尼斯、乌干达、赞比亚、津巴布韦。

（2）AGOA 于 2000 年获批，是美国在非洲最大的贸易倡议。AGOA 起初为 48 个撒哈拉以南非洲国家对美国出口的 6500 种产品提供免税便利。20 年来，AGOA 通过刺激私营部门增长和创造就业机会，促进了非洲部分地区长期、可持续的增长，从而解决其结构性挑战。同时，AGOA 惠及南非、莱索托等国家，符合"贸易不援助"的宗旨。[①] 2022 年 AGOA 的非洲参与国共有 36 个，包括安哥拉、贝宁、博茨瓦纳、布基纳法索、佛得角、中非、乍得、科摩罗、刚果（金）、刚果（布）、科特迪瓦、吉布提、斯威士兰、加蓬、冈比亚、加纳、几内亚比绍、肯尼亚、莱索托、利比里亚、马达加斯加、马拉维、毛里求斯、莫桑比克、纳米比亚、尼日尔、尼日利亚、卢旺达、圣多美和普林西比、塞内加尔、塞拉利昂、南非、坦桑尼亚、多哥、乌干达、赞比亚。[②]

（五）欧盟进口关税数据

欧盟进口关税数据来源于欧盟关税数据库（TARIC-EU Custom Tariff，以下简称"TARIC"）。鉴于关税同盟特征，欧盟成员国对进口产品征收的进口税率相同。在具体查询过程中，对非洲农产品进口征收的关税数据一般参考数据库中的第三国关税（Third Country Duty）。同样，针对不同的非洲国家或非洲区域，欧盟对其农产品出口所征收的关税也存在差异。除在系统中标明具体非洲国家外，所涉及的与非洲相关的条款包括 Eastern and Southern Africa States（ESA 1034）、GSP-EBA（Special arrangement for the least – developed countries-Everything But Arms）（EBA 2005）。查询网站为 https://ec. europa. eu/taxation_customs/dds2/taric/taric_consultation. jsp？Lang = en。

（六）中国进口农产品的市场准入数据

关于中国进口农产品的市场准入数据，本书主要参考由海关总署进出口食品安全局开发的"符合评估审查要求及有传统贸易的国家或地区输华

① 《非洲增长和机遇法案》，中华人民共和国商务部，http://zys. mofcom. cn/aarticle/cp/200603/20060301622524. html；《非洲增长与机遇法案比双边自贸协定更好》，中华人民共和国商务部，http://www. mofcom. gov. cn/article/i/jyjl/k/202009/20200903004385. shtml。
② "AGOA Country Eligibility"，AGOA，https://agoa. info/about – agoa/country – eligibility. html.

食品目录信息系统"（以下简称"目录"）。目录旨在严格落实《食品安全法》等有关规定，进一步规范对境外输华国家或地区的食品安全体系评估和审查，便于国内外监管部门、经营主体和广大消费者了解相关信息，更好地服务进出口贸易健康发展。截至 2022 年 8 月 31 日，目录共包括肉类（鹿产品、马产品、牛产品、禽产品、羊产品、猪产品）（内脏和副产品除外）、乳制品、水产品、燕窝、肠衣、植物源性食品、中药材、蜂产品 8 大类产品信息。与此同时，海关总署将根据体系评估和回顾性审查结果进行动态调整。① 进口目录以外的食品需符合中国法律法规和食品安全国家标准要求。目录提供了进口食品目录查询、产品名称查询、国家或地区查询等多种查询方式，详情参见 http://43.248.49.223/index.aspx。

除此之外，本书参考的进口准入政策文件还包括海关总署发布的《已准入水生动物国家或地区及品种名单》《获得我国检验检疫准入的新鲜水果种类及输出国家/地区名录》《获得我国检验检疫准入的冷冻水果及输出国家/地区名录》《中华人民共和国进境植物检疫禁止进境物名录》等。

---

① 体系评估是指某一类（种）食品首次向中国出口前，海关总署对向中国申请出口该类（种）食品的国家（地区）食品安全管理体系开展的评估活动；回顾性审查是指向我国境内出口食品的国家（地区）通过体系评估已获得向中国出口的资格或虽未经过体系评估但与中国已有相关产品的传统贸易，海关总署经风险评估后决定对该国家（地区）食品安全管理体系的持续有效性实施的审查活动。与中国已有贸易和已获准向中国出口的食品均属于回顾性审查的相关食品范围。

|第二章|

农产品国际贸易的相关理论

国际贸易理论历经古典贸易理论、新古典贸易理论、新贸易理论、新新贸易理论的学说发展，关于国际贸易的成因、影响因素以及利益形成与分配的分析越来越全面且深刻。从古典贸易理论和新古典贸易理论来看，国家货物贸易是自由的，专业分工、要素禀赋等是贸易产生的根本原因，在新贸易理论中进一步考虑到距离、产业、政策等因素对贸易的影响，新新贸易理论则开启了从微观企业视角分析贸易的影响因素。对于农产品贸易，它既有产品贸易的一般性特征，又有其自身独特的"多功能性"和"非贸易关注"产业特性、"异质性"产品特性以及独立的农业政策特征，因而与一般工业制成品贸易有显著区别。基于此，本章先结合国际贸易学理论分析国家及地区之间发生农产品贸易的原因，再结合非洲农业发展现状，从供给、需求、流通、政治与安全四个角度来阐述影响农产品贸易的因素，以解释中非开展农产品贸易的内在逻辑和可能的主要影响因素。

一 农产品国际贸易的理论基础

随着国际贸易理论的发展，农产品贸易的内涵在不断扩展，从古典贸易理论到新新贸易理论，对农产品贸易成因的理论解释大致包括农产品生产的专业化分工、农产品生产的资源禀赋差异、农产品的规模化和多样化生产、农产品生产效率的异质性四个论点。贸易的本质是交换，最终目的是获取利润，因此探讨贸易产生的原因是农产品贸易分析的起点，而讨论贸易的利益形成与分配则是分析的落脚点。本部分基于国际贸易理论发展的四个阶段对农产品贸易的成因以及利益形成与分配进行详细阐述。

（一）农产品生产的专业化分工

在19世纪至20世纪初的古典贸易理论时期，绝对优势理论以及比较优势理论的提出奠定了专业化分工和生产是贸易利益来源的基础，贸易国凭借农产品生产的比较优势参与国际贸易并获取贸易利益。到了新古典贸易理论时期，要素禀赋理论进一步解释了农产品生产优势的来源，完善了农产品贸易专业化生产分工的理论依据。

在古典贸易理论形成之前，重商主义学说认为金银是衡量一个国家财富的最佳形式，忽视了农业生产的重要性，认为利润是在流通交易中通过"贱买贵卖"的方式实现的，因此主张通过保持国际贸易顺差而获取利益。法国重农主义学派率先对重商主义提出批判，该学派从生产领域而非流通领域来考察财富的源泉，认为只有农业才有"纯产品"的产生，而自由贸易有利于农业发展和"纯产品"增加。18世纪70年代，亚当·斯密批判性地继承了重农主义学派的观点，一方面支持政府减少对经济活动的干预，另一方面肯定工业劳动的生产性。亚当·斯密认为每个国家都具有某种产品生产上的绝对有利条件，各个国家都应该集中资源生产自己具有绝对有利条件的产品，放弃生产具有不利生产条件的产品，在专业化分工的基础上进行国际贸易，这样对各国都是有利的，这就是著名的"绝对优势理论"。① 根据绝对优势理论，一国先天在气候、土壤等非人力范围的自然状态，以及通过长期生产和培训而获得的在技术和技巧方面的经验决定了其在贸易过程中的绝对优势。如果各国都能按照绝对优势的要求进行分工和贸易，那么世界各国的自然资源、劳动力和资本都会得到充分的应用。例如，在《国民财富的性质和原因的研究》中，亚当·斯密以小麦、布匹为例建立了一个"两国两商品模型"，认为具有生产小麦绝对优势的美国，可

---

① 〔英〕亚当·斯密：《国民财富的性质和原因的研究》（下卷），郭大力、王亚南译，商务印书馆，1974。

以通过专门生产小麦并与具有生产布匹绝对优势的英国进行交换，从而两国都可以获取贸易利益。

该理论第一次明确提出了国际贸易双方通过分工和交换均可获益的思想，但现实中有部分国家在生产任何产品时都具备绝对优势，而另一部分国家可能生产任何产品都不具备绝对优势，但两国仍可进行贸易往来，"绝对优势理论"并不能解释这一现象。大卫·李嘉图提出的"比较优势理论"是对亚当·斯密"绝对优势理论"的继承和修正。该理论以劳动价值论为基础，根据"两利相权取其重，两弊相权取其轻"的原则，认为生产的比较成本优势是造成贸易的必要条件，即使一国在两种产品的生产上均具有绝对优势，国际贸易仍然能够在比较优势的基础上发生，而且对贸易双方都有利。[①] 例如，在《政治经济学及赋税原理》这一著作中，大卫·李嘉图以毛呢和酒为例探讨了葡萄牙和英国生产这两种产品的比较优势，认为英国虽然在两种产品的生产上都处于不利地位，但其毛呢生产的落后程度要小于酒，即具有生产毛呢的比较优势，因此英国可以通过专业化分工，生产毛呢并与葡萄牙所生产的酒进行交换，从而两国都可以获取贸易利益。

（二）农产品生产的资源禀赋差异

对于农产品而言，由于其受到自然约束力较大，环境要素和自然资源很大程度上决定了农产品的产出。20 世纪初，新古典贸易理论的代表性理论——要素禀赋理论（H－O 理论）对各国在农产品比较优势的来源和贸易利得形成等问题有较好的解释。要素禀赋理论的核心思想是"靠山吃山，靠水吃水"，认为各国间要素禀赋（资本 K 和劳动 L）的相对差异以及生产各种商品时利用这些要素的强度的差异是国际贸易的基础，一国应该出口由本国相对充裕的生产要素所生产的产品，进口由本国相对稀缺的生产要素所生产的产品。就农业生产这一问题而言，农业资源在全球范围内分布具有不平衡性，各个国家和地区之间的耕地资源、劳动力结构以及自然环境等因素都存在差异。这些要素禀赋的差异在一定程度上会引起各个国家

---

① ［瑞典］伯尔蒂尔·奥林：《地区间贸易和国际贸易》，王继祖等译，商务印书馆，1986。

和地区之间在农产品产量和结构上存在区别。但农产品在世界市场的比较优势根本表现在价格优势上，价格优势由从投入、产出到进入销售市场的整个环节中的生产成本及各项流通成本、附加费用等决定。[①] 根据要素禀赋理论的核心观点，密集使用丰裕度高的生产要素的产品具有更低的生产成本，从而其产品在国际市场上比其他出口国的价格更低，其产品也更具有竞争优势。按照要素禀赋理论的推演，只要贸易参与方都发挥出自身的要素禀赋优势，便可实现自身贸易利益的提升。

自要素禀赋理论提出之后，许多经济学家在此基础上进行了实证分析，美国经济学家里昂惕夫运用美国 1947 年的投入产出和贸易结构数据对此进行了验证，结果发现美国在贸易过程中出口劳动密集型的商品而进口资本密集型的产品。这一结果与要素禀赋理论相违背，又被称为"里昂惕夫悖论"。[②] 对此，经济学家从不同角度进行探索，摒弃了要素禀赋理论模型中的某些解释，形成了各种解释国际贸易的新理论。迪伯认为，要素禀赋理论模型只考虑劳动和资本两种生产要素是不完全的，现实中有些商品的生产还需要大量的自然资源。[③] 美国需要进口大量使用自然资源的产品，这些产品在美国是运用大量资本生产出来的，所以表现为美国进口资本密集型产品。该理论同样也可以解释其他国家某些与要素禀赋理论模型相悖的现象，例如 20 世纪 50 年代，日本作为劳动力资源极其丰富的国家，却大量进口大米等劳动密集型产品，原因在于日本人多地少，需要依赖从国外进口粮食来维持国内食物供应。罗纳德·琼斯在解释"里昂惕夫悖论"时认为，由于各国的生产要素禀赋程度和要素价格不同，生产同一种商品时可能会采用不同的方法，因而投入的要素比例也就不同。这样同一种商品可能在不同的国家就表现为不同的要素密集型产品，这种情形被称为"生产要素

---

① 万金：《中国农产品贸易比较优势动态研究》，华中农业大学博士学位论文，2012。

② Wassily Leontief, "Domestic Production and Foreign Trade", *Proceedings of the American Philosophical Society*, Vol. 97, No. 4, 1953.

③ M. A. Diab, "The United States Capital Position and the Structure of Its Foreign Trade", *Indian Economic Review*, Vol. 4, No. 1, 1956.

密集度逆转"。① 例如，同样是农产品，对于同时期的中国与印度等发展中国家来说属于依靠大量劳动力投入生产的劳动密集型产品，而对于美国等发达国家来说属于利用大量机械进行生产收割的资本密集型产品。由此可见，在将自然资源、生产方式、技术水平等因素纳入要素禀赋理论后，各国仍然是出口密集使用对本国来说丰裕度高的生产要素的农产品，从而在贸易中获利。

（三）农产品的规模化和多样化生产

20 世纪中后期，第二次世界大战后新贸易理论引入了垄断竞争和规模经济，这为贸易国通过进行农业规模化经营和机械化生产参与国际贸易获利提供了理论基础，而产业内贸易理论的发展也从消费者层面解释了农产品的多样化生产所带来的贸易福利。传统贸易理论以完全竞争和规模报酬不变为假设前提，将贸易利益的来源归结为基于比较优势的国际分工和交换。在完全竞争假设下，不同国家相同部门企业所生产的产品是完全同质的，这与现实中差异化产品广泛存在的现象存在很大偏离。20 世纪 60 年代以后，随着同类商品之间的国际贸易量和发达工业国家之间的贸易量大大增加，相继涌现了一大批国际贸易的新理论，这些新理论突破了原有理论模式，从新的角度对有关国际贸易产生的原因进行了深入研究。

美国经济学家赫尔普曼和克鲁格曼把规模经济理论引入国家贸易理论分析，认为即使两国的生产要素丰裕程度和技术水平完全相同，但只要其中一国实现了规模经济，产品的平均成本下降致使其出口竞争力提升，由此两国之间便产生贸易往来。② 规模经济理论解释了国际贸易收益的另一重要来源，即可以从生产规模化和产品单位生产成本降低中获得超过常规的比较利益。通常农产品生产实现规模经济的原因可以从内部、外部、结构三个方面进行分析。其中，内部规模经济来源于技术效率和资源利用率的

---

① Ronald W. Jones, "The Structure of Simple General Equilibrium Models", *The Journal of Political Economy*, Vol. 73, No. 6, 1965.

② Elhanan Helpman, Paul Krugman, *Market Structure and Foreign Trade: Increasing Returns, Imperfect Competition, and the International Economy*, MIT Press, 1985.

提高，通过适度扩大农业经营规模，将劳动、土地、机械等资源进行优化组合，降低单位成本，实现经济利益的提高；外部规模经济来源于外部利益的转移和分享，通过经营规模扩大形成农产品商业化优势，减少市场交易费用，同时扩大政府支持和财政补贴；结构规模经济指不同规模经济实体之间的联系和配比，例如对于人口稀少、市场相对狭小的国家而言，实现规模经济可以依靠国际经济一体化组织，通过成员国之间互免关税，实现贸易自由化来扩大市场。[①]

规模经济的出现为产业内贸易的发生提供了基础。格鲁贝尔和劳埃德系统研究了国际贸易实践中出现的新现象，对产业内贸易理论进行了总结和综合。格鲁贝尔把产业内贸易分为同质产品的产业内贸易和异质产品的产业内贸易。[②] 就初级农产品来看，由于气候、植被、土壤等自然环境的生产条件不同，农产品天然存在差异和不可替代的特点，而加工农产品受技术水平影响较大，不同技术水平加工出来的产品质量存在较大的差异。这就使各国农产品客观上存在差异性，属于异质性产品。根据产业内贸易理论，农产品贸易一方面在规模经济的生产下使生产成本下降，企业利润增加；另一方面通过产品的多样化使消费者效用得以提升。产品多样化的引入对贸易和增长理论带来了深远影响，同时也为贸易利益及其来源提供了新的研究视角。此后，内生增长理论和异质性企业贸易理论从不同角度进一步诠释了产品多样化的贸易利益内涵，使得关于产品多样化与贸易利益的理论研究日渐丰富。

（四）农产品生产率的异质性

20 世纪末 21 世纪初，逐渐发展起来的新新贸易理论从企业异质性角度解释了国际贸易和投资现象，这在微观层面加深了对农产品贸易增长的动态理解，为研究农产品质量、农产品加工、农产品品牌等带来的贸易利益

① 施海波：《土地禀赋、政策支持对我国农业经营规模变化的影响研究》，安徽农业大学博士学位论文，2018。

② Herbert G. Grubel, Peter J. Lloyd, "Intra-industry Trade: The Theory and Measurement of International Trade in Differentiated Products", *The Economic Journal*, Vol. 85, No. 339, 1975.

提供了理论依据。古典贸易理论、新古典贸易理论以及新贸易理论皆从国家和产业层面解释贸易的发生与贸易利益的产生，其模型中假定企业是无差异的，这就无法解释实际贸易中微观层面的贸易行为。随着全球化的逐渐深入，跨国公司在国际贸易中所扮演的角色越来越重要，全球贸易投资一体化趋势逐渐增强，同一产业内的不同企业的规模、生产率、国际经营行为表现出明显的差异性。在此背景下，梅利茨首次将企业生产率的差异内生到垄断竞争模型中，形成了从企业层面研究国际贸易的新理论。① 该理论认为在存在沉没成本和边际成本的情况下，企业的贸易行为与企业的生产率有着密切的联系，只有生产率相对较高、出口获利大于沉没成本和边际成本的少数企业才会选择进入国际市场，这就进一步引发了产业内部企业间资源分配效应，提高了企业的"经营门槛"。虽然这有可能引起国内企业数量的降低，但使得行业总体生产率水平提高；与此同时，市场可以给消费者提供价格更低、品类更多的产品，从而进一步提高消费者的福利。

传统的经济理论认为农产品市场接近于完全竞争市场，存在大量同质生产者。但事实上，农产品生产者存在广泛异质性，农产品也会因生产处理流程、育种、产地特征、卫生检验标准和食品安全要求等而产生显著差异。② 新新贸易理论在农产品贸易领域中的应用研究表明，农产品的生产和出口更多地由生产商的特定属性及农场特定的地理属性决定，而并非取决于区域地理属性。③ 一般来说，生产率较高的农业企业进入出口市场，生产率较低的企业只能为本土市场生产甚至退出市场。新新贸易理论的研究与实践拓展为解释农产品贸易企业生产率影响企业贸易行为等相关问题提供了新的理论启示。虽然现有关于新新贸易理论在农产品贸易领域的相关研究较少，但已有学者从微观层面理解农户、农场、农业企业全球市场参与，

① Marc J. Melitz, "The Impact of Trade on Intra-Industry Reallocations and Aggregate Industry Productivity", *Econometrica*, Vol. 71, 2003.
② 王晰:《农产品贸易与新新贸易理论：文献述评》,《当代经济管理》2018 年第 5 期。
③ Erokhin Vasily, Ivolga Anna, Heijman Wim, "Trade Liberalization and State Support of Agriculture: Effects for Developing Countries", *Agricultural Economics-Zemedelska Ekonomika*, Vol. 60, No. 11, 2014.

这对形成具有竞争力的农业出口商并推动农业稳定就业和收入增长有着重要意义。

二 农产品国际贸易的影响因素

（一）供给因素

产品贸易建立在生产的基础之上。一般而言，生产能力越强，生产的数量越多，开展贸易的潜力越大。通过上述分析可知，古典贸易理论从生产技术差异的角度来解释各国如何参与国际分工以出口自身具有绝对优势或比较优势的农产品进而从贸易中获利；新古典贸易理论从各国要素禀赋出发，进一步阐释了生产要素比例的差异是各国比较利益产生的原因，各国应出口密集使用本国充裕要素生产的农产品、进口密集使用本国稀缺要素生产的农产品；不完全竞争和基于本国农产品生产的规模经济的获取则是新贸易理论的重要观点。

基于此，本部分从供给端探讨影响农产品贸易的因素。除了价格、政策等因素，农产品生产主要受到生产要素投入的影响。农业经济学中大致将农业生产要素分为农业自然资源、农业劳动力、农业资金、农业科学技术、农业信息五类。[①]

1. 农业自然资源

农业自然资源指农业生产中利用的或可能利用的自然条件，包括水、土地、气候等。相较于第二、第三产业，自然资源对农业生产的影响是基础性的。具体而言，不同农产品生产往往需要不同的光、热、水、地等自然条件，从而形成生产上的区域性和季节性，最终导致农业地理分工的形成；自然资源对农业生产效率的影响是直接的，即良好的自然资源条件带来农产品产量的增长和质量的提升；自然资源影响各地区农业生产结构的形成和发展。各国间农业自然资源禀赋的差异最终转化成生产成本差异，进而影响农产品的贸易结构。

---

① 李秉龙、薛兴利：《农业经济学》，中国农业大学出版社，2015。

从自然因素来看，非洲农业自然资源喜忧参半。非洲农业发展的优势，一是非洲光热条件充足，是名副其实的"热带大陆"；二是非洲广阔且未开发的可耕地使其极具农业发展的潜力。根据联合国粮农组织的估计，非洲撒哈拉以南地区可耕地面积超过 7 亿公顷，其中面积达 6 亿公顷的几内亚大草原开发仅不到 10%。① 同时，非洲农业发展亦存在一定的先天不足。首先，非洲整体土壤贫瘠，不同于欧洲的草原高钙土和亚洲的草原冲积土，非洲 2/3 的土壤为有机质含量低、结构性差的铁铝土和荒漠土，优良土壤多集中在印度洋群岛、几内亚湾和东部非洲地区，优良土壤面积相对偏少。其次，水资源缺乏和分布不均极大地限制了非洲农业的发展。非洲气候的特点整体表现为高温、干燥、少雨，非洲约 60% 的土地受到干旱的威胁，1/3 的人口缺乏饮用水。同时，农业主要分布在热带季风区，过于集中、猛烈的季节性降水不仅无法被土地吸收，还会引起土地侵蚀和退化。伴随着全球气候变化加剧，非洲降水量和地表径流量有进一步减少的趋势，水资源供给压力加大。此外，水资源丰富地区的低洼、丘陵地形限制了灌溉农业的发展，水资源管理难度较大。②

2. 农业劳动力

劳动力是农业生产的能动要素和主导力量，更是其他生产要素的使用者、创新者和发展者。农业劳动力主要包括数量和质量两个方面。其中，农业劳动力的数量是指农村中符合劳动年龄并有劳动能力的人的数量，以及不到劳动年龄或已超过劳动年龄但实际参加劳动的人的数量，其受到自然因素和社会因素的双重影响。农业劳动力的质量是指农业劳动力的体力、技术熟练度和科学文化水平，主要取决于农业教育普及情况、农业科学技术发展状况以及专业化水平和熟练程度。在生产力水平较低的时期，农业劳动力的数量对农业生产具有举足轻重的作用。但随着劳动成本的不断上

① 《粮农组织：非洲农业拥有巨大潜力但农业政策须继续改善》，新浪网，http://finance.sina. com.cn/roll/20090929/18576807560.shtml。

② 姚桂梅：《非洲农业危机的根源》，《西亚非洲》2002 年第 3 期；李秀峰、徐晓刚、刘利亚：《南美洲和非洲的农业资源及其开发》，《中国农业科技导报》2008 年第 2 期；杨笛、熊伟、许吟隆：《气候变化对非洲水资源和农业的影响》，《中国农业气象》2016 年第 3 期。

升和现代农业的发展，农业劳动力数量红利逐渐消失，劳动力质量对劳动生产率的作用愈加明显，高素质的农业劳动力在推广农业科学技术应用、提高农产品产量和质量等方面发挥着重要作用。

非洲农业劳动力数量庞大但质量有待提升。非洲是世界上人口增长最快的大陆，且农业作为绝大多数非洲国家的支柱产业，务农人口占比较高。据世界银行公布的数据，非洲总人口接近 14 亿，年均人口增长率达到 2.3%，24 个非洲国家农、林、牧、渔业增加值占 GDP 的比重超 20%，22 个非洲国家农业就业人口占总就业人口的比重超 50%。[①] 但是，长期的政治动乱、地区冲突和粮食危机不仅导致农业人口严重流失，还使得劳动力的健康受到影响，妇女、儿童面临经常性的营养不良问题；与此同时，非洲以小家庭自给农业为主，农民普遍未受过专业化的农业教育，农业知识与技术缺乏，对抗不确定性外部冲击的能力较弱。[②]

3. 农业资金

广义上的农业资金是指在商品货币经济条件下，农业生产流通中所占用的物质资料和劳动力的价值形式与货币体现，按照其价值转移方式可以分为房屋、农机设备等固定资本和肥料、种子等流动资本；狭义上的农业资金是指社会各投资主体投入农业的各种货币资金。其中，狭义农业资金的投入是影响农业发展的关键因素。农业资本是农业生产单位获取和利用各种生产要素并使其得到合理利用的必要手段，农业投资所形成的生产工具和生产条件能够缓解自然资源要素稀缺性、扩展人的劳动能力，带来生产力和生产效率的提升，因此农业资本亦是实行农业管理和衡量农业生产效益的重要工具。由于农业投资具有回报周期长、周转速度慢、利用效益不稳定等特点，发展中国家的农业资金往往呈现流入不足的同时资金大量流出的尴尬局面，导致农业发展停滞不前。

资本投入不足是制约非洲农业生产力提升的主要障碍之一。受到经济

---

① 世界银行 WDI 数据库，https://databank.worldbank.org/source/world - development - indicators。
② 姚桂梅：《非洲农业危机的根源》，《西亚非洲》2002 年第 3 期。

发展水平低、金融体系不健全以及政局不稳定等因素的影响，非洲农户个人资金以及农业信贷资金缺乏，外国农业资金援助进程缓慢且难以填补资金缺口，非洲农业发展基本依靠国家农业财政投入。早在2003年，非洲各国就制订了《非洲农业综合发展计划》，提出每年拿出本国财政预算的10%用于农业投资以实现农业产值6%的年增长目标，但迄今为止，仅有13个国家曾达到该水平，非洲农业投入占公共支出比重平均仅为4%且大多数国家保持波动性下降，为全球最低水平。①

4. 农业科学技术

农产品供给的增长可以通过土地集约、劳动集约和资金集约来实现，但土地集约、劳动集约、资金集约相对于农产品产量的增加是有限的，若要继续增加农产品的产量，就要充分发挥农业科学技术的作用，即在资源既定的条件下，生产技术的提高会使资源得到更加充分的利用从而增加供给。随着农业现代化的飞速发展，农业生产要素中自然资源的作用逐渐下降，农业增长主要来源于现代农业生产要素的投入，农业生产逐渐由资源、劳动、资本密集型向技术密集型转变，技术进步已逐渐成为推动农业生产进步的主导力量。农业科学技术是揭示农业生产领域发展规律的知识体系及其在生产中应用成果的总称，受到科技发展水平、物质投入和农业科技人员素质等多种因素的影响。农业科学技术在生产中的作用主要体现在改善其他生产要素的质量，扩大劳动对象的种类和范围，以及改造传统农业结构，促进产业结构和产品结构的高级化三个方面。

落后的农业生产技术和农业基础设施使得非洲农业发展严重滞后。首先，晚熟、低产、抗病虫害能力弱的劣质种子在非洲被广泛循环使用，严重影响农业产量。其次，化肥、农药投入不足使农业生产效率低下。例如，2018年非洲2/3的国家每公顷土地化肥投入量不足10公斤，远低于136.8公斤/公顷的世界平均水平。另外，非洲水力资源丰富但利用不足，除摩洛

---

① 唐丽霞：《心有余力不足——非洲国家农业支持能力》，《中国投资》（中英文）2020年第Z4期。

哥、埃及、南非等少数国家基本实现灌溉外，撒哈拉以南非洲地区整体的灌溉率不足10%。在农业机械化方面，由于自身土地制度问题以及农业基础设施建设不足、燃油价格高等因素，非洲农业机械化水平远远落后于世界平均水平。例如，从每百平方公里耕地拖拉机拥有数量来看，撒哈拉以南非洲国家不到28台，为同期全球最低水平。[①]

5. 农业信息

农业信息是指以农业生产经营和农业科学为表征对象，以有意义的形式加以排列和处理的数据，并通过一定的物质载体反映出来，包括农业资源信息、农业政策信息、农业生产信息、农业市场信息、农业人才信息等诸多方面。农业信息化可以降低农业生产的投入、提高农产品的产量和质量，减轻自然灾害对农业的影响，加速农产品流通、引导农产品的生产和消费，是建设标准化农业和精准农业的基础。现阶段，非洲正积极进行数字化转型，但整体信息化水平偏低，农业信息化发展依旧还有很长的路要走。

(二) 需求因素

农产品贸易同样受到市场需求因素的影响，而市场需求主要取决于最终产品使用者的收入和需求偏好（中间产品的需求同样受到最终产品供给者的成本条件的影响）。[②] 消费者的收入水平对农产品的需求起到决定性作用。一般来说，在其他条件不变的前提下，消费者收入越高，对产品的需求越大，反之越小。聚焦农产品的异质性，主要体现为两个方面：一是随着收入增长，满足食物消费的农产品在消费者总支出中所占的比重逐渐降低；二是在消费升级的时代背景下，消费者对高品质、多样化农产品的需求伴随收入的增长而增加，而对低品质农产品的需求减少。

消费者需求偏好则包括对不同种类产品的需求和同类产品的需求两个层面。因资源禀赋、规模经济存在差异加之国际分工不断细化，一国不可能生产本国消费者所需要的所有农产品，对不同种类农产品的需求，一般

---

① 世界银行 WDI 数据库，https://databank.worldbank.org/source/world-development-indicators。
② 温思美：《农产品国际贸易》，中国农业出版社，2011。

可分为同质性需求和异质性需求。其中，同质性农产品是指在产品性能、外观等方面基本无差异，消费时可以完全替代的农产品。当本国农产品生产尚未能满足本国消费的情况下就产生了对国外相同产品的进口需求，比较典型的就是粮食贸易。异质性需求即对同类差异化产品的需求，差异化的表现包括外观、品牌等水平性差异和质量、档次等垂直性差异，这主要受到各国资源禀赋以及消费者收入水平等因素的影响。

农产品及其相关品的价格同样是影响消费者需求的重要因素之一。农产品的价格水平通常与消费者需求呈反向关系，即价格上升，需求量减少，反之需求量增加。这是农产品价格变化所引致的替代效应和收入效应共同作用的结果。与此同时，对某一特定农产品的需求除受到自身价格的影响，还取决于相关农产品的价格。例如，该农产品替代品价格上升会导致该农产品需求量增加，而互补品的价格上升则会导致该农产品的需求量减少。此外，需求因素还包括消费者文化习俗等。

（三）流通因素

农产品流通是指农产品中的商品部分通过买卖的形式实现从农业生产领域到消费领域转移的经济活动，有广义和狭义之分。其中，广义的农产品流通包括生产、收购、运输、储存、加工、包装、配送、分销、信息处理、市场反馈等诸多过程；狭义的农产品流通主要分为采购、运输、储存和销售四个环节。由于农产品具有供应主体分散、低价易损耗、供给需求弹性小等流通特性，对物流和政府强制权力表现出较大的依赖性。[①] 考虑到农产品流通环节的复杂性，本部分仅重点探讨影响农产品流通的两大关键要素——贸易壁垒和物流。

1. **贸易壁垒**

贸易国关于农产品的贸易政策往往是国际农产品贸易畅通与否的决定性因素。农产品自身"多功能性"和"非贸易关注"的产业特性使其不可避免地受到政府的关注和保护，进出口国通过农业贸易政策干预以实现保

---

① 黄祖辉、刘东英：《我国农产品物流体系建设与制度分析》，《农业经济问题》2005 年第 4 期。

护国内生产者或消费者的目的。从广义上来看，贸易壁垒包括所有使正常贸易受到阻碍、市场竞争机制作用受到干扰的人为措施，如进口关税和市场准入限制等。一般将贸易壁垒分为关税壁垒和非关税壁垒两大类。关税壁垒即通过加征关税所形成的贸易障碍。按照征税目的来看包括财政和保护关税、报复性关税及科技关税三大类。非关税壁垒则是除加征关税以外的一切限制进口措施，由于其更具隐蔽性和歧视性，在国际贸易实践中被各国广泛使用，具体可以分为直接限制措施和间接限制措施。其中，直接限制措施一般通过数量限制的方式实现，即进口国政府在一定时期内规定某种进口商品的价格或数量不能超过某一水平，或迫使出口国限制某种商品的出口。这样的限制措施主要包括进口配额制、自动出口限制、出口许可证等。而间接限制措施是指通过制定严格的条件和技术标准来间接限制商品进口，主要手段包括对外贸易的国家垄断、外汇管制、歧视性政府采购、最低限价和禁止进口、反倾销与反补贴等。一般情况下，贸易壁垒措施基本由进口国施行以应对进口农产品对国内生产者所造成的冲击，但在某些特殊情况下，出口国也会利用贸易政策限制某些农产品出口以保护国内消费者并增加财政收入，如战乱时对敌方的粮食禁运等，一般采取出口税或直接控制出口数量等措施。[①]

长期以来，农产品贸易一直游离于国际贸易自由化的体系之外，受到的贸易保护以及关税、非关税壁垒层出不穷，各种贸易壁垒的广泛设置无形中增加了农产品的流通成本，对农产品在国际市场的正常流通造成了严重阻碍，不仅影响农产品国际贸易的正常发展，还对其商品结构和地理属性产生影响。20 世纪 90 年代出台的 WTO《农业协定》正式要求农产品非关税措施关税化，对关税税率进行削减，要求各成员削减出口补贴和内部支持，从而奠定了农产品贸易自由化的基础。随着贸易自由化的不断发展，全球农产品贸易快速发展，农产品贸易秩序的正常化和市场化也取得了一定的成果，但绿色壁垒、技术壁垒等新型贸易壁垒的出现给农产品的国际

---

① 郭羽诞：《国际贸易学》，上海财经大学出版社，2014。

贸易带来新的挑战。

2. 物流

作为农产品流通的关键环节，物流是联通国际供给方与需求方的桥梁和纽带，各类物流基础设施的供给和现代物流技术的发展与应用是农产品国际贸易的必要条件。由于不同农产品具有不同的商品特性，因此需要选择不同的运输工具。如鲜花因保鲜需要对运输的时效性要求严格，应选择航空运输；海运则是一般的大宗农产品国际运输的主要方式。基于此，物流对农产品国际贸易的影响可归纳为以下三个方面。一是时效。农产品准时交付的可靠性容易受到国际运输网络的影响。畅通的国际货运体系能保障农产品在国际市场上的正常运转，保障农产品在第一时间到达消费者手中，提升消费者的消费体验。二是安全。农产品从采购到送达消费者需要经过多次存储。倘若农产品在国际运输中面临仓储能力不足、仓储方式与运输方式不匹配以及保鲜技术落后等问题，农产品将遭受严重损失。三是成本。物流成本的高低同样对农产品的国际贸易具有重要影响。农产品的国际物流成本是指农产品在国际贸易物流运输过程中的成本总和，包括包装、存储、运输、报关等各环节人力、物力、财力上的费用。物流成本的高低直接影响到农产品价格和相关企业的经济效益，进而对农产品的贸易行为、数量和方向产生影响。例如，从进口企业的角度来看，物流成本增加无形中增加了企业的运营成本，使得进口农产品在国内的销售价格提高；从消费视角来看，因物流成本增加所带来的进口农产品在国内售价的提高将导致相应的需求减少。

（四）政治与安全因素

农业因其外部性和对不同国家经济发展贡献存在差异使其具备一定的特殊性。对大多数国家而言，农业部门不仅提供经济物品，更重要的是向社会提供诸如生态环境产品、文化遗产等非经济物品，甚至对社会稳定构成一定的影响。这些特性导致农产品在国际贸易中存在大量影响其稳定性的政治与安全因素，主要表现在保护幼稚产业、国家安全论、农业多功能性考虑和改善国际贸易条件四个方面。

1. 保护幼稚产业

农业是国民经济的基础，在发展历程中普遍呈现弱质性的特点，具体表现为在生产经营上存在较大的风险、投资收益低、抗外来冲击能力弱、受自然条件约束强等。农业的基础性地位和生产经营的高风险性使其与幼稚产业具有一定的相似性，因此无论是发达国家还是发展中国家，对农业产业进行适当的保护是有必要的。幼稚产业保护理论最初产生于18世纪后半叶，由美国第一任财政部长亚历山大·汉密尔顿结合美国的实际情况提出。德国经济学家弗里德里希·李斯特将汉密尔顿的幼稚产业保护理论进行了进一步升华，提出了以保护关税制度为核心的幼稚产业保护学说，为落后国家保护贸易的需求提供了更加系统和完善的理论依据。李斯特将一国经济发展的历程分为五个阶段：原始未开化阶段、畜牧阶段、农业阶段、农工业阶段、农工商业阶段。他认为，在不同的经济发展阶段应采用不同的贸易政策，自由贸易并不适用于所有经济发展阶段。在一国从原始未开化阶段向畜牧阶段、农业阶段和农工业阶段过渡时，采用自由贸易政策有利于打破封闭和愚昧状态，促进工业的萌芽。农工业阶段已初步实现工业化，但国内工业尚处于幼稚阶段，应予以保护。在一国从农工业阶段向农工商业阶段转化时，需要实行关税保护政策，但当国内工业已摆脱幼稚阶段成熟起来并充分发展，具备了和国外先进工业进行平等竞争的能力时，就应该实行自由贸易政策。

2. 国家安全论

国家安全论认为在自由贸易条件下，国际分工专业化将使某些产业自动减少其规模甚至完全消亡。一个国家如果过多依赖外国经济，会对其自身的发展造成诸多不确定性的影响。例如，大米作为日本的主要粮食，因本土生产供不应求，其70%需依赖进口，因此大米的自给程度实际对日本的发展具有重要的战略影响。这些观点的持有者对一些被称为"战略性物资"的产品或被称为"国民经济命脉"的部门格外重视，认为为保证国家安全，即使在这些领域内违背了比较优势的原则也是值得且有必要的。基于国家安全的保障和农业的特殊性，1983年联合国粮农组织粮食安全委员会总干事爱德华·萨乌马提出了"粮食安全"的概念，认为粮食安全的最终目标应该是确保所有人在任何时候既能买得到又能买得起他们所需要的基本食品。粮食安全论主张政府负有确保本国人民粮食安全的基本责任。此后，哈佛大学阿马蒂亚·森教授在《贫困与饥荒》一书中首次提出了"粮食保障"的概念。① 综上所述，国家安全亦是影响农产品国际贸易的重要因素之一。

3. 农业多功能性考虑

1988 年，欧盟首次提出了"多功能农业"的概念，认为农业除了具有生产食物等农产品这一主要功能外，还具备其他经济、社会和环境等方面的功能，即农业提供了人类生存与发展的生态基础。从这一角度研究农产品贸易的问题，不可避免地要考虑农业发展过程中超越经济的社会功能价值的回报。一些国家将此作为维持对农业保护政策的理论依据和协调国内外政策以及进行贸易谈判的依据，以最终达到保护农业的目的。

4. 改善国际贸易条件

在农产品国际贸易中，有些出口国为解决农产品过剩或基于开辟新市场的需求，往往以低于国内价格水平，采用出口补贴、税收优惠等方式促进本国农产品出口。为应对这些不公平的贸易政策，保护国内同类产业，进口国倾向于采用反倾销关税、进口配额或其他措施以限制廉价农产品的进口。与此同时，国家间的贸易政策也会影响农产品国际价格的变化。例如，一个进口大国可以通过提高进口关税使某一农产品的国际价格下降，同样，一个出口大国可以通过增加出口税使某一农产品的国际价格上涨。这些举措不但改善了国家的贸易条件，而且间接达到了保护农业的目的。

三 小结

农产品国际贸易理论是国际贸易理论发展与农产品国际贸易实践相结合的产物。本章梳理了国际贸易理论发展脉络并结合农产品国际贸易的发

---

① 〔印度〕阿马蒂亚·森：《贫困与饥荒》，王宇、王文玉译，商务印书馆，2001。

展事实，对农产品国际贸易开展的原因与利益形成进行了系统分析。与此同时，从供给—需求—流通—政治与安全四个维度系统梳理了影响农产品国际贸易的因素，由此构建影响农产品国际贸易综合理论的分析框架。

19 世纪至 20 世纪初属于古典贸易理论与新古典贸易理论时期，供给层面的因素是影响农产品国际贸易扩张的主要原因。以绝对优势理论、比较优势理论、要素禀赋理论为代表的古典贸易理论以及新古典贸易理论提出了专业化分工和生产是贸易利益来源的基础，这一时期农产品国际贸易增长强调的是现有产品贸易量的扩张，农业自然资源、农业劳动力、农业资金以及农业科学技术等供给层面的因素通过影响贸易国农产品的比较优势进而对该国的贸易产生影响。

20 世纪中后期，新贸易理论引入了垄断竞争和规模经济等假设，重点研究了产业内贸易问题，需求因素对农产品国际贸易的影响被广泛关注。新贸易理论解释了二战后国际贸易中同类产品之间贸易量增多的现象，并从消费者层面解释了农产品的多样化生产所带来的贸易福利，认为同类产品之间的不完全替代性使得贸易国可以通过出口更多种类的产品来推动其贸易总量的增长。

20 世纪末 21 世纪初，新新贸易理论将企业生产率的差异内生到垄断竞争模型中，在此阶段，农产品国际贸易所面临的流通成本被认为是从事农产品贸易的企业是否进行对外贸易的重要因素。新新贸易理论把研究对象深入到微观企业层面，并将一国贸易总量的增长分解为集约边际和扩展边际两种模式。农产品流通作为从农业生产领域到消费领域转移的经济活动，其方式的选择、成本与效率的高低对农产品国际贸易具有重要影响。

农业作为一个具有"多功能性"和"非贸易关注"的特殊部门，农产品国际贸易自产生至今，始终受到政治与安全因素对其生产稳定性所造成的不确定性影响。这些因素主要来源于各国政府对农业进行不同程度的干预与所采取的农业保护措施。这类措施虽然在一定程度上扭曲了世界整体经济资源的配置，但从保护幼稚产业、维护国家安全和农业多功能性以及改善国际贸易条件等方面考虑具有一定的合理性。在百年未有之大变局的时代背景下，农产品国际贸易所面临的不确定性要素激增，贸易国所采取的贸易政策也在不断调整。因此，分析影响农产品国际贸易的政治与安全因素也愈发得到重视。

事实上，农产品国际贸易理论对指导非洲国家开展农产品贸易具有一定的普适性和差异性。因此，在具体的分析过程中，既要把握非洲国家开展农产品贸易的一般规律，也要考虑到非洲国家的特殊性，开展差异化的理论研究。

|第三章|
非洲农产品出口贸易历史及现状特征

一　非洲农产品出口贸易历史

非洲农产品出口贸易根据自主性特征大致可分为三个阶段。第一个阶段为 15 世纪之前简单的自主贸易阶段。15 世纪之前，非洲国家掌握着贸易的自主权，出口的农产品主要是香料、棉花等本土作物，交易范围为阿拉伯与欧洲地区。

第二个阶段为 15 世纪至第二次世界大战时期，这个时期是由殖民者主导的满足西方殖民国家工业原料需求的被动贸易阶段，非洲农产品出口以种植园的经济作物为主。15 世纪以来，非洲农产品出口贸易深受西方殖民主义影响，出口的作物种类发生了较大改变。西方殖民者进入非洲以后，在非洲大肆侵占土地，开办种植园和大农场，推行单一栽培植物，以出口为导向的经济作物代替传统农业作物，排挤了粮食生产和畜牧业，导致不少非洲国家粮食自给能力不断下降，从粮食出口国变为粮食进口国。与此同时，殖民者大量引进非非洲本土作物的经济作物，例如从美洲引入可可、花生、烟草、剑麻和橡胶等，并在非洲广泛集中种植，以满足西方殖民国家的消费需求。在西方殖民国家的主导下，非洲经济作物种植体系得以建立，非洲出口的农产品以种植园生产的花生、棉花、剑麻、棕榈、咖啡、可可、烟叶、甘蔗等经济作物为主，出口目的地为欧洲、北美洲和澳大利亚等。除此之外，非洲是世界热带木材主要产区之一，其木材质量上乘，因而非洲林业资源也是西方殖民国家长期掠夺的目标。

第三个阶段为第二次世界大战结束后至今，是非洲国家寻求农业经济发展的自主贸易阶段。该阶段尚未摆脱殖民经济的影响，[①] 农产品出口贸易仍以经济作物为主，但自主贸易权回归，出口产品多样化程度有所提升。第二次世界大战后，非洲国家纷纷独立，采用工业化优先的发展战略迫切寻求经济增长。在此时期，非洲更大程度地利用农产品出口创造外汇，为工业提供资本供给。茶叶和橡胶都为非洲国家出口创汇做了重要贡献。然而，优先工业化战略未给非洲带来经济腾飞，反而陷入经济与粮食双重危机。

进入 21 世纪以后，非洲国家认识到农业不仅是一个被动的、为工业化提供原材料的部门，还是经济增长的重要保障，开始采取措施逐步改变社会生产结构，追求农业可持续发展。具体举措包括：实行多种经营，扩大粮食种植面积，推动农、林、牧、渔业协调发展。在非洲农业经济增长与全球消费升级的背景下，非洲主要农产品的出口品种与数量发生了细微变化。例如，坚果的需求剧增使得腰果成为非洲国家的创汇支柱产业；轮胎需求的增长促进了非洲天然橡胶的生产与出口；[②] 鲜花产业的发展推动了非洲花卉种植与出口贸易。[③] 得益于丰富的自然资源，非洲产出大量优质农产品，如可可豆、咖啡、芝麻、棉花、腰果、茶叶、羊毛和柑橘等。但受制于农业技术的发展与应用，非洲农业绿色革命尚未实现，许多非洲农产品尚未达到出口标准。从已大量出口的农产品来看，虽然非洲农产品在贸易全球化的推动下销往世界各地，但重要的优质农产品的出口目的地仍为欧美地区。

二 非洲农产品出口贸易现状特征

农产品出口是非洲国家外汇收入和财政收入的主要来源。[④] 近年来，非

---

① 刘伟才：《殖民统治与非洲经济的被动转型》，《中国投资》（中英文）2021 年第 Z7 期。
② 肖丽：《非洲天然橡胶种植生产现状与趋势》，《农业开发与装备》2013 年第 11 期。
③ 陆继亮：《世界花卉产销现状及发展趋势》，《现代园艺》2020 年第 23 期。
④ UNCTAD, *Economics Development in Africa Report 2021*, December 2021.

洲农产品出口贸易额整体保持上涨趋势，从 2001 年的 157.07 亿美元增至 2020 年的 612.40 亿美元，[①] 20 年间增长了近 3 倍，但其增速呈下降趋势，自 2013 年起增速时而出现负值。

从农产品出口结构来看，以热带水果、坚果、可可、茶叶、蔬菜、油料作物与水产品出口为主。2020 年非洲前五大类农产品出口总额为 332.33 亿美元，占非洲农产品出口总额的 54.27%。非洲第一大类出口农产品为食用水果及坚果、柑橘属水果或甜瓜（HS08），占非洲农产品出口总额的 17.56%，细分到具体品种，出口额较大的为腰果、橘子、香蕉、枣，此四种产品在该大类中的占比分别为 20.20%、14.55%、5.65%、4.76%。第二大类出口农产品为可可及可可制品（HS18），在众多产品形式中，以可可豆形式出口的数额最大，占比达到 70%。第三大类为鱼类、甲壳类、软体动物及其他水生无脊椎动物（HS03），冷冻鱼类和软体动物的出口额位列前二，细分到品种来看，章鱼、墨鱼和鱿鱼、鳕鱼、鲑鱼的出口额较大。第四大类为咖啡、茶叶、马黛茶及调味香料（HS09），其中咖啡出口总额居第一位，占比 47.14%；茶叶次之，占比 37.56%。第五大类为食用蔬菜、根及块茎（HS07），此大类中西红柿与干豆科蔬菜（鹰嘴豆、菜豆等）的出口额名列前茅。表 3 – 1 为 2018～2020 年非洲出口农产品主要类别。

表 3 – 1   2018～2020 年非洲出口农产品主要类别

单位：亿美元；%

HS 编码	2018 年		2019 年		2020 年	
	出口额	占比	出口额	占比	出口额	占比
08	103.09	16.04	98.67	15.71	107.56	17.56
18	91.64	14.26	94.18	15.00	93.08	15.20
03	54.84	8.53	52.34	8.34	45.11	7.37
09	51.54	8.02	44.60	7.10	44.35	7.24
07	39.20	6.10	42.04	6.70	42.23	6.90

---

① UN Comtrade 数据库，https://comtrade.un.org/。

续表

HS 编码	2018 年		2019 年		2020 年	
	出口额	占比	出口额	占比	出口额	占比
12	29.82	4.64	36.10	5.75	38.90	6.35
15	25.75	4.01	23.40	3.73	29.22	4.77
24	30.10	4.68	27.75	4.42	24.26	3.96
17	24.73	3.85	26.18	4.17	23.58	3.85
16	18.39	2.86	18.98	3.02	17.71	2.89
其他	173.63	27.01	163.68	26.07	146.40	23.91
合计	642.73	100.00	627.92	100.00	612.40	100.00

数据来源：UN Comtrade 数据库。

从农产品出口国别来看，出口额居前三位的非洲国家分别是南非、科特迪瓦和摩洛哥，2020 年其出口总额占非洲农产品出口总额的 40.28%，呈现高度的集中性特征（见表 3 - 2）。此外，部分农产品出口主要集中于少数几个非洲国家。例如，2020 年南非柑橘的出口额占非洲出口总额的 55.51%；科特迪瓦可可豆的出口额占非洲出口总额的 56.68%，摩洛哥沙丁鱼的出口额占非洲出口总额的 75.49%。

表 3 - 2　2018 ~ 2020 年非洲农产品的主要出口国

单位：亿美元；%

国家	2018 年		2019 年		2020 年	
	出口额	占比	出口额	占比	出口额	占比
南非	112.14	17.45	103.69	16.51	107.42	17.54
科特迪瓦	69.62	10.83	72.10	11.48	73.26	11.96
摩洛哥	62.36	9.70	64.99	10.35	65.99	10.78
埃及	51.24	7.97	56.02	8.92	53.62	8.76
加纳	44.66	6.95	36.99	5.89	36.09	5.89
肯尼亚	35.33	5.50	32.51	5.18	35.86	5.86
埃塞俄比亚	22.02	3.43	22.00	3.50	21.88	3.57
苏丹	20.77	3.23	19.80	3.15	18.09	2.95
坦桑尼亚	13.23	2.06	16.46	2.62	17.81	2.91

续表

国家	2018 年		2019 年		2020 年	
	出口额	占比	出口额	占比	出口额	占比
突尼斯	20.82	3.24	16.31	2.60	17.50	2.86
其他	190.54	29.65	187.05	29.79	164.88	26.92
合计	642.73	100.00	627.92	100.00	612.40	100.00

数据来源：UN Comtrade 数据库。

从农产品出口的主要市场来看，非洲农产品集中出口至欧美。2020 年非洲向荷兰、西班牙、法国、美国出口农产品的贸易额分别为 53.08 亿美元、34.48 亿美元、34.45 亿美元、30.96 亿美元，分别占非洲农产品出口总额的 8.67%、5.63%、5.63%、5.06%，而 2020 年非洲向中国出口农产品的贸易额为 26.99 亿美元，占非洲农产品出口总额的 4.41%。表 3 - 3 为 2018～2020 年非洲农产品主要出口市场。

表 3 - 3　2018～2020 年非洲农产品主要出口市场

单位：亿美元；%

国家/地区	2018 年		2019 年		2020 年	
	出口额	占比	出口额	占比	出口额	占比
荷兰	52.43	8.16	52.78	8.41	53.08	8.67
西班牙	36.55	5.69	35.99	5.73	34.48	5.63
法国	34.84	5.42	34.37	5.47	34.45	5.63
美国	28.43	4.42	26.83	4.27	30.96	5.06
中国	21.37	3.32	24.56	3.91	26.99	4.41
英国	25.61	3.98	24.75	3.94	26.09	4.26
德国	21.05	3.28	20.40	3.25	21.91	3.58
比利时	14.35	2.23	17.90	2.85	19.25	3.14
意大利	19.04	2.96	18.25	2.91	17.98	2.94
印度	17.85	2.78	20.31	3.23	17.97	2.93
其他	371.21	57.76	351.78	56.02	329.24	53.76
合计	642.73	100.00	627.92	100.00	612.40	100.00

数据来源：UN Comtrade 数据库。

三 小结

非洲农产品出口贸易额总体呈增长趋势。受历史上殖民统治、生产水平与气候条件等多重因素的影响，非洲主要出口的农产品为腰果、橘子、可可豆、章鱼、鳕鱼、咖啡等经济作物与渔业产品，粮食作物、畜产品则依靠进口。非洲仍受制于西方"隐性殖民"，优质农产品主要流向欧美等国家与地区，非洲出口到中国的农产品体量仍较小。自 2000 年中非合作论坛成功召开以来，非洲出口至中国的农产品贸易额呈连年增加态势，在"九项工程"的推动下，中非农产品的贸易潜力亟待发掘。

第四章

中国进口非洲农产品整体特征及贸易环境

一 中国进口非洲农产品整体特征

中国自非洲进口农产品规模大体呈现递增趋势，在进口国别和产品结构上均表现出相对集中的特征。受到中非合作论坛等机制的影响，中国自非进口农产品规模不断扩大，且增速明显。2001 年中国自非洲进口农产品的贸易额仅为 1.87 亿美元，到 2020 年则跃升至 42.56 亿美元，年均增长率达 17.87%，中国已成为非洲农产品出口的重要目的国。但是从相对规模来看，中国自非进口农产品贸易额仅占中国进口农产品贸易总额的 2.49%，中非仍有巨大的贸易潜力尚未释放。表 4-1 为 2018~2020 年中国自非进口农产品贸易额与从世界进口农产品贸易总额对比。

表 4-1 2018~2020 年中国自非进口农产品贸易额与从世界进口农产品贸易总额对比

单位：亿美元；%

	2018 年	2019 年	2020 年
自非进口农产品总额	34.78	40.72	42.56
农产品进口总额	1367.24	1499.97	1708.01
占比	2.54	2.71	2.49

数据来源：UN Comtrade 数据库。

从进口农产品结构来看，2018~2020 年中国自非进口贸易额排名前三类别的农产品分别为含油子仁及果实（HS12）、烟草及烟草代用品的制品

（HS24）和食用水果及坚果、柑橘属水果或甜瓜（HS08），2020年三类产品的进口总额为30.32亿美元，占中国自非进口农产品贸易总额的71.24%。细分到具体产品，在含油子仁及果实（HS12）大类中，2020年芝麻的进口额最高，达到12.32亿美元，占该大类的比重为66.06%。其次是花生，进口额为5.49亿美元，比重为29.44%，这两类农产品都是中国自非进口的重要大宗油料作物。在烟草及烟草代用品的制品（HS24）中，中国以进口未加工的烟草为主，进口额为6.06亿美元，占比达到87.32%，主要原因是非洲烟叶质量上乘，深受国际市场喜爱。[①]在食用水果及坚果、柑橘属水果或甜瓜（HS08）中，橘子是中国自非进口的第一大类水果，进口额为1.94亿美元，占比达到41.01%；其次是夏威夷果，进口额为0.49亿美元，占比为10.36%。此外，棉花、羊毛也是中国自非进口的主要农产品，其2020年的进口额分别为2.21亿美元、2.02亿美元。表4-2为2018~2020年中国自非进口农产品主要类别。

表4-2　2018~2020年中国自非进口农产品主要类别

单位：亿美元；%

HS 编码	2018 年		2019 年		2020 年	
	进口额	占比	进口额	占比	进口额	占比
12	11.38	32.72	14.92	36.64	18.65	43.82
24	6.03	17.34	6.44	15.82	6.94	16.31
08	4.33	12.45	5.19	12.75	4.73	11.11
23	1.51	4.34	1.76	4.32	2.39	5.62
5201	2.50	7.19	3.76	9.23	2.11	4.96
5101	3.01	8.65	2.02	4.96	2.02	4.75
03	1.51	4.34	1.84	4.52	1.22	2.87
15	0.29	0.83	0.65	1.60	0.77	1.81
18	0.79	2.27	0.83	2.04	0.67	1.57

---

① 《走进非洲烟草市场》，西部法制传媒网，https://www.xbfzb.com/2014-10/28/content_1599771.html。

续表

HS 编码	2018 年		2019 年		2020 年	
	进口额	占比	进口额	占比	进口额	占比
02	0.27	0.78	0.34	0.83	0.51	1.20
09	0.34	0.98	0.39	0.96	0.50	1.17
其他	2.82	8.11	2.58	6.34	2.05	4.82
合计	34.78	100.00	40.72	100.00	42.56	100.00

数据来源：UN Comtrade 数据库。

从农产品进口国别来看，中国自非进口农产品的来源国较为集中。2020
年中国自非进口农产品贸易额排名前三的国家分别为南非、苏丹和津巴布
韦，中国从上述三国进口农产品的总额占 2020 年中国自非进口农产品总额
的 48.66%（见表 4 - 3）。结合中国自非进口农产品国别与结构来看，2020
年近 95% 的花生来自苏丹（49.71%）和塞内加尔（44.82%）；87.32% 的未
加工烟草来自赞比亚；橘子几乎全部从南非（54.59%）和埃及（45.40%）
进口。表 4 - 3 为 2018 ～ 2020 年中国自非进口农产品主要来源国。

表 4 - 3　2018 ～ 2020 年中国自非进口农产品主要来源国

单位：亿美元；%

国家	2018 年		2019 年		2020 年	
	进口额	占比	进口额	占比	进口额	占比
南非	8.39	24.12	7.28	17.88	7.40	17.39
苏丹	4.21	12.10	4.21	10.34	7.12	16.73
津巴布韦	5.28	15.18	6.25	15.35	6.19	14.54
埃塞俄比亚	2.57	7.39	2.78	6.83	3.13	7.35
塞内加尔	0.91	2.62	2.53	6.21	2.73	6.41
尼日尔	1.67	4.80	2.22	5.45	2.21	5.19
坦桑尼亚	1.11	3.19	1.88	4.62	1.82	4.28
多哥	1.45	4.17	1.80	4.42	1.64	3.85
埃及	1.24	3.57	2.08	5.11	1.59	3.74
毛里塔尼亚	0.99	2.85	1.29	3.17	1.47	3.45

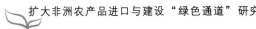

续表

国家	2018 年		2019 年		2020 年	
	进口额	占比	进口额	占比	进口额	占比
其他	6.96	20.01	8.40	20.63	7.26	17.06
合计	34.78	100.00	40.72	100.00	42.56	100.00

数据来源：UN Comtrade 数据库。

结合关税与非关税壁垒来看，中国自非进口农产品存在诸多限制，导致许多非洲优质农产品无法顺利出口至中国。一方面，中国仍存在较为严格的市场准入限制，且获批准入操作困难。[①] 例如，非洲盛产的香蕉、芒果、山竹等均未获得中国市场准入资格。另一方面，中国对非洲国家的农产品关税税率普遍较高，使得部分非洲农产品采用"借道"方式输入中国，例如腰果、可可、橡胶等。以腰果为例，中国从非洲进口未去壳腰果（HS080131）和去壳腰果（HS080132）关税税率分别为 20% 和 10%，但从东盟进口关税税率为 0%。2020 年非洲第一大腰果生产国科特迪瓦向非腰果生产国越南出口未去壳腰果 5.05 亿美元，越南再向中国出口去壳腰果 3.61 亿美元。[②]

二 中国进口非洲农产品贸易环境

（一）政策环境

自 2000 年中非合作论坛成立以来，中非政治经济关系日益紧密，中非贸易基础不断被夯实，中非贸易规模持续增长。从 2000 年中非合作论坛第一届部长级会议到 2021 年中非合作论坛第八届部长级会议，中非双方就促进中非经贸发展达成了一系列的承诺与协议，为中非经贸深入合作提供了良好的政策环境。

---

① 《全国政协委员、湖南省政协副主席赖明勇建议：全面扩大非洲非资源类产品进口》，中非经贸合作研究院，http://caeti.hnu.cn/info/1087/1455.htm。

② 唐斌、肖皓：《"双循环"新发展格局下非洲农产品输华现状与展望》，《中国投资》（中英文）2022 年第 Z1 期。

农业是中非合作的优先发展领域和利益交汇点。自 2000 年首届中非合作论坛北京峰会成功举办以来，中国与非洲各国不断推进农业领域的贸易与合作，有关会议情况见表 4－4。在农业贸易领域，从 2015 年中非合作论坛约翰内斯堡峰会暨第六届部长级会议的"扩大非洲输华产品规模"，到 2018 年中非合作论坛北京峰会暨第七届部长级会议的"中国决定扩大进口非洲商品特别是非资源类产品"，再到 2021 年中非合作论坛第八届部长级会议的"中国将为非洲农产品输华建立'绿色通道'"，可见中国为扩大非洲农产品进口，促进非洲经济发展做出了巨大的努力。

表 4－4 历届中非合作论坛部长级会议关于中非农业合作与贸易的内容

日期	会议	相关内容
2000 年 10 月 10～12 日	中非合作论坛第一届部长级会议	通过《中非合作论坛北京宣言》与《中非经济和社会发展合作纲领》，其中后者主要阐述中非在经贸等领域合作的具体设想和措施，包括"帮助非洲提高其生产能力，实现非洲出口多样化"等内容。
2003 年 12 月 15～16 日	中非合作论坛第二届部长级会议	给予部分非洲国家对华出口商品免关税待遇。
2006 年 11 月 3～5 日	中非合作论坛第三届部长级会议	鼓励和促进相互贸易和投资，探索新的合作方式，重点加强在农业、基础设施建设、工业、渔业、信息、医疗卫生和人力资源培训等领域的合作。
2009 年 11 月 8～9 日	中非合作论坛第四届部长级会议	中方承诺扩大免关税受惠商品范围；在华设立非洲产品展销中心。
2012 年 7 月 19～20 日	中非合作论坛第五届部长级会议	中国将向非洲国家提供 200 亿美元贷款额度，重点支持非洲基础设施、农业、制造业和中小企业发展；中国将适当增加援非农业技术示范中心。
2015 年 12 月 4～5 日	中非合作论坛约翰内斯堡峰会暨第六届部长级会议	提出"十大合作计划"。其中第六项为"中非贸易和投资便利化合作计划"。中方将实施 50 个促进贸易援助项目，支持非洲改善内外贸易和投资软硬条件，愿同非洲国家和区域组织商谈包括货物贸易、服务贸易、投资合作等全面自由贸易协定，扩大非洲输华产品规模。
2018 年 9 月 3～4 日	中非合作论坛北京峰会暨第七届部长级会议	提出"八大行动"，其中第三大行动是"实施贸易便利行动"。中国决定扩大进口非洲商品特别是非资源类产品，支持非洲大陆自由贸易区建设，推动中非电子商务合作。

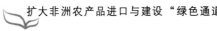

续表

日期	会议	相关内容
2021 年 11 月 29～30 日	中非合作论坛第八届部长级会议	提出"九大工程",其中第三大工程是"贸易促进工程"。中国将为非洲农产品输华建立"绿色通道",力争未来 3 年从非洲进口总额达到 3000 亿美元。中国将提供 100 亿美元贸易融资额度,用于支持非洲出口,在华建设中非经贸深度合作先行区和"一带一路"中非合作产业园。为非洲援助实施 10 个设施联通项目,成立中非经济合作专家组,继续支持非洲大陆自由贸易区建设。

资料来源:新华社(截至 2022 年 7 月 31 日)。

为支持各项政策落实,加快非洲农产品进口进程,中国政府采取了一系列贸易措施。具体而言,在关税措施方面,中国对非洲最不发达国家免税商品的税目逐渐增加,同时不断下调进口关税水平。自 2005 年 1 月 1 日起,中国给予 25 个非洲最不发达国家 190 种商品免关税待遇;2010 年 7 月 1 日,享受免关税待遇的非洲国家由 25 个扩大至 26 个;2015 年 12 月 4 日发表的《中国对非洲政策文件》指出,继续对原产于与中国建交的最不发达国家 97% 税目产品实施零关税;2021 年 1 月 18 日,中国—毛里求斯自贸协定正式生效,此为中国与非洲生效的首个自贸协定,中国将通过最长 7 年降税期,对税目比例 96.3%、占中国自毛进口额 92.8% 的产品逐步降税到零,包括朗姆酒、甘蔗糖、特色水果、各类海产品等。根据《条例》,中国对非洲 33 个最不发达国家的部分进口货物,实施 97% 税目零关税特惠税率。关于中国进口非洲商品关税措施的具体内容见表 4 - 5。

表 4 - 5　关于中国进口非洲商品的关税措施

日期	政策措施或文件	相关内容
2005 年 1 月 17 日	中国给予非洲最不发达国家部分输华商品免关税待遇	自 2005 年 1 月 1 日起,中国政府开始对于 2004 年 12 月 31 日前已就免关税同中国政府办理有关换文的 25 个非洲最不发达国家部分输华商品实施免关税政策,给予免关税待遇的商品共计 190 个税目。
2010 年 7 月 1 日	将逐步扩大对非洲国家免关税待遇	自 2010 年 7 月 1 日起,根据中国与埃塞俄比亚、利比里亚、刚果(金)、莫桑比克等 26 个非洲最不发达国家签署的相关换文,上述国家 60% 的产品将开始享受对华出口免关税待遇。

续表

日期	政策措施或文件	相关内容
2015 年 12 月 4 日	《中国对非洲政策文件》	继续对原产于与中国建交的最不发达国家 97% 税目产品实施零关税。
2021 年 1 月 18 日	《中华人民共和国政府和毛里求斯共和国政府自由贸易协定》	中国将通过最长 7 年降税期，对毛里求斯税目比例 96.3%、占中国自毛进口额 92.8% 的产品逐步降税到零。

资料来源：中国商务部、财政部（截至 2022 年 7 月 31 日）。

在非关税措施方面，中国陆续解除了对非洲国家部分农产品的进口禁令，开放了对非洲部分农产品的进口许可。根据海关总署发布的公告，自 2020 年 1 月 13 日起，中国陆续开始允许符合相关要求的尼日利亚饲用高粱植物、博茨瓦纳部分地区偶蹄动物及其产品、赞比亚鲜食蓝莓、卢旺达干辣椒、南非鲜食柑橘等农产品进口。表 4 - 6 列举了部分中国进口非洲商品的非关税措施的相关公告内容。

表 4 - 6　关于部分中国进口非洲商品的非关税措施

日期	政策文件	具体内容
2020 年 1 月 13 日	《关于进口尼日利亚饲用高粱植物检疫要求的公告》	根据中国相关法律法规和《中华人民共和国海关总署和尼日利亚联邦共和国农业检疫局关于尼日利亚饲用高粱输华植物检疫要求议定书》规定，自本公告发布之日起，允许符合相关要求的尼日利亚饲用高粱进口。
2020 年 1 月 24 日	《关于解除博茨瓦纳牛传染性胸膜肺炎禁令的公告》	根据风险评估结果，自本公告发布之日起，解除博茨瓦纳牛传染性胸膜肺炎禁令，允许符合中国法律法规要求的牛及相关产品输华。原动植物疫局《关于暂停从博茨瓦纳进口牛及牛产品的紧急通知》（动植检动字〔1996〕30 号）同时废止。
2020 年 2 月 15 日	《关于解除博茨瓦纳部分地区口蹄疫禁令的公告》	根据风险评估结果，自本公告发布之日起，认可博茨瓦纳东北区、杭济区、卡拉哈迪区、南部区、东南区、奎嫩区、卡特伦区及部分中部区为口蹄疫非免疫无疫区，允许符合中国法律法规要求的偶蹄动物及其产品输华。原质检总局、原农业部 2006 年第 651 号公告同时废止。
2020 年 9 月 7 日	《关于进口赞比亚鲜食蓝莓植物检疫要求的公告》	根据中国相关法律法规和《中华人民共和国海关总署与赞比亚共和国农业部关于赞比亚鲜食蓝莓输华植物检疫要求的议定书》规定，自本公告发布之日起，允许符合相关要求的赞比亚鲜食蓝莓进口。

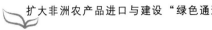

续表

日期	政策文件	具体内容
2021 年 7 月 8 日	《关于进口卢旺达干辣椒检验检疫要求的公告》	根据中国相关法律法规和《中华人民共和国海关总署与卢旺达共和国农业和动物资源部关于卢旺达干辣椒输华检验检疫要求议定书》规定,允许自本公告发布之日起生产的、符合检验检疫要求的卢旺达干辣椒进口。
2021 年 8 月 31 日	《关于进口南非鲜食柑橘植物检疫要求的公告》	根据中国相关法律法规和《中华人民共和国海关总署与南非共和国农业、土地改革和农村发展部关于南非柑橘输华植物检疫要求的议定书》规定,自本公告发布之日起,允许符合相关要求的南非鲜食柑橘进口。

资料来源:中国海关总署(截至 2022 年 7 月 31 日)。

(二)物流环境

不同的农产品具有不同的特性,对温度、湿度、空气有特殊要求,特别是鲜活农产品对贮存条件与时效性有着更为严格的要求。因此,高效快捷的物流无疑是中国扩大非洲农产品进口的重要条件,针对不同的农产品选择合适的物流模式尤为重要。目前,中非物流体系日趋完善,已实现"海—陆—空"全覆盖,且多式联运的重要性也逐渐凸显,不断为深化中非农业经贸合作搭建更加便捷的通道。①

1. 中非海上运输基本情况

海上运输是中非经贸合作最为重要的运输方式之一。鉴于中非在地理上相距较远,加之中非双边贸易不平衡等因素,现阶段中国与非洲开通的海运航线数量较少,通航频次较低。中非海运航线分为直航和中转航线。以格林福德(Greenroad)国际物流公布的数据为例,该公司在非洲的业务主要分布在西部非洲、东部非洲和南部非洲,直航航程平均在 30 天左右,而中转航线的航程比直航航程多 15 天左右,基本能够覆盖所属区域的大部分非洲国家,详见表 4 - 7 和表 4 - 8。

---

① 《中非合作向更高质量迈进》,中国社会科学网,http://www.cssn.cn/zx/bwyc/202109/t20210927_5363281.shtml。

表 4 - 7 中非直航情况

单位：天

航线	起运港	直航航程	可覆盖的非洲国家/地区
西部非洲	特马/洛美/科托努/阿帕帕/阿比让	35~45	尼日尔/布基纳法索/马里
东部非洲	吉布提/蒙巴萨/达累斯萨拉姆/路易港/留尼汪/塔马塔夫/维多利亚	25~30	吉布提覆盖埃塞俄比亚 蒙巴萨覆盖南苏丹、乌干达 达累斯萨拉姆和贝拉覆盖卢旺达、布隆迪、马拉维、赞比亚、津巴布韦、博茨瓦纳等
南部非洲	德班/开普敦/伊丽莎白港	25~28	德班覆盖赞比亚和津巴布韦（工程项目中的重大件运输选择德班港）

数据来源：格林福德（Greenroad）国际物流（2020 年 7 月前）。

表 4 - 8 中非中转航线情况

单位：天

航线	起运港	航程
西部非洲	班珠尔/科纳克里/达喀尔/杜阿拉/弗里敦/利伯维尔/黑角港/马塔迪/罗安达/洛比托（乍得/中非需经杜阿拉中转）	40~50

数据来源：格林福德（Greenroad）国际物流（2020 年 7 月前）。

然而，非洲国家港口集装箱吞吐量较低是阻碍中非贸易的重要因素。UNCTAD 数据库显示，2018~2020 年非洲 18 个国家港口集装箱吞吐量占世界港口集装箱吞吐量的比重分别仅为 3.49%、3.51% 和 3.55%。① 摩洛哥是非洲国家港口集装箱吞吐量最大的国家，2020 年达 698.10 万 TEU（20 英尺标准集装箱），其次是埃及，吞吐量为 592.85 万 TEU。2018~2020 年非洲国家港口集装箱吞吐量详见表 4 - 9。

表 4 - 9 2018~2020 年非洲国家港口集装箱吞吐量

单位：万 TEU；%

国家	2018 年		2019 年		2020 年	
	吞吐量	占比	吞吐量	占比	吞吐量	占比
摩洛哥	471.12	0.59	606.88	0.75	698.10	0.87

① 2018~2020 年全球港口集装箱吞吐总量依次为 79246.99 万 TEU、80733.03 万 TEU、79886.92 万 TEU。

续表

国家	2018 年		2019 年		2020 年	
	吞吐量	占比	吞吐量	占比	吞吐量	占比
埃及	636.96	0.80	630.69	0.78	592.85	0.74
南非	489.24	0.62	459.22	0.57	402.90	0.50
多哥	139.57	0.18	150.06	0.19	172.53	0.22
尼日利亚	156.00	0.20	148.40	0.18	152.85	0.19
肯尼亚	132.81	0.17	142.50	0.18	131.10	0.16
加纳	106.30	0.13	110.02	0.14	105.07	0.13
科特迪瓦	91.90	0.12	91.87	0.11	97.49	0.12
吉布提	85.90	0.11	93.20	0.12	81.26	0.10
阿尔及利亚	103.20	0.13	68.85	0.09	72.50	0.09
多哥	53.68	0.07	55.79	0.07	55.66	0.07
苏丹	45.17	0.06	46.95	0.06	49.30	0.06
毛里求斯	45.14	0.06	46.90	0.06	43.81	0.05
莫桑比克	45.43	0.06	42.73	0.05	43.71	0.05
突尼斯	49.33	0.06	42.41	0.05	42.01	0.05
喀麦隆	36.10	0.05	39.70	0.05	39.59	0.05
坦桑尼亚	60.01	0.08	40.58	0.05	36.30	0.05
纳米比亚	18.50	0.02	18.53	0.02	16.68	0.02
合计	2766.36	3.49	2835.28	3.51	2833.69	3.55

数据来源：UNCTAD。

物流成本方面，中国自非进口农产品的运费主要包括三大部分，即非洲本土将货物运输至其港口的陆运费、港口费以及将货物从非洲港口运往中国港口的海运费，相关费用明细如表4–10所示。鉴于中非双向物流不匹配，即船运公司在将货物由中国运往非洲后却无货运回，导致中非双向物流费用存在不对称性特征。例如，在中国对非洲的出口业务中，20英尺集装箱的运费为1000~1200美元，40英尺集装箱的运费为2500~3000美元；相较之下，中国自非洲进口的费用普遍较低，20英尺集装箱的运费约为700美元，而40英尺集装箱的运费约为1500美元，见表4–11。

表4-10 中国自非进口农产品的运费构成

费用名称	费用
陆运费	西非区3.5美元/公里，350美元起步； 东非区2.5美元/公里，300美元起步
港口费	西非区科托努/洛美1200~1500美元/集装箱，其他港口1800~2200美元/集装箱； 东非区蒙巴萨约600美元/集装箱，其他港口约1100美元/集装箱
海运费	西非区旺季2600~3500美元/集装箱，淡季1800~2800美元/集装箱； 东非区旺季1700~2900美元/集装箱，淡季1200~1900美元/集装箱

数据来源：格林福德（Greenroad）国际物流（2020年7月前）。

表4-11 中非双边海洋运输集装箱报价对比

单位：美元/集装箱

	20英尺	40英尺
中国→非洲	1000~1200	2500~3000
非洲→中国	700	1500

数据来源：浩通物流（2020年7月前）。

2. 中非航空运输基本情况①

中非航空合作稳步推进，在机制性合作、基础设施建设、民用客机提供、航空人才培训等方面取得了丰硕成果。在机制性合作方面，截至2020年底，中国与埃塞俄比亚、安哥拉、坦桑尼亚、赞比亚、南非、刚果（布）、科特迪瓦、卢旺达等21个非洲国家正式签署了民用航空运输协定，与塞舌尔、利比亚、乌干达、纳米比亚等9个非洲国家草签了民用航空运输协定。中国与非洲国家签署民用航空运输协定情况详见表4-12。

2019~2021年，中非货运航班明显增加。航班量由新冠疫情前的每周10班增加至2021年的每周42班，全部由非方航空公司运营。2019年6月，中国南方航空公司开通了长沙直飞肯尼亚航线，这是湖南省首条直飞非洲的

---

① 中国—非洲经贸博览会秘书处、商务部国际贸易经济合作研究院、湖南省中非经贸合作研究会：《中国与非洲经贸关系报告2021》，https://www.caitec.org.cn/upfiles/file/2021/10/2021111715583001.pdf。

表 4-12　中国与非洲国家签署民用航空运输协定情况

序号	国家	签署时间	备注	序号	国家	签署时间	备注
1	埃及	1965 年 5 月 2 日		15	苏丹	2009 年 11 月 17 日	
2	扎伊尔	1974 年 5 月 31 日	后改名为刚果（金）	16	安哥拉	2008 年 12 月 17 日	
3	埃塞俄比亚	1975 年 7 月 30 日	首次签署	17	喀麦隆	2011 年 4 月 21 日	
		2003 年 3 月 4 日	取代前协定，临时实施	18	贝宁	2010 年 8 月 18 日	草签
4	赞比亚	1991 年 9 月 26 日	首次签署	19	乌干达	2006 年 7 月 4 日	草签
		2007 年 2 月 3 日	取代前协定，待生效，已备案	20	塞舌尔	2004 年 8 月 6 日	草签
5	毛里求斯	1995 年 5 月 23 日		21	利比亚	2006 年 2 月 23 日	草签
6	津巴布韦	1996 年 5 月 21 日		22	莫桑比克	2007 年 1 月 23 日	草签
7	马达加斯加	1997 年 9 月 23 日		23	加纳	2007 年 12 月 29 日	草签
8	摩洛哥	1998 年 12 月 3 日		24	博茨瓦纳	2014 年 11 月 20 日	草签
9	南非	1999 年 2 月 2 日		25	吉布提	2015 年 10 月 22 日	
10	突尼斯	2002 年 4 月 16 日		26	多哥	2016 年 7 月 22 日	草签
11	肯尼亚	2005 年 8 月 3 日		27	刚果（布）	2018 年 1 月 9 日	
12	阿尔及利亚	2006 年 11 月 6 日		28	科特迪瓦	2018 年 6 月 25 日	
13	坦桑尼亚	2008 年 4 月 11 日		29	卢旺达	2018 年 7 月 23 日	
14	尼日利亚	2014 年 5 月 7 日		30	纳米比亚	2018 年 8 月 21 日	草签

数据来源：中国民用航空局。

航线。该航线的开通极大地提升了物流效率，降低了货运成本，[1] 有效推动了中非和湘非贸易发展。2021 年湖南省新增一条长沙至西非大国——尼日利亚阿布贾的货运航线。该线路的开通有助于加速中国与西非的经贸往来。[2] 此外，2022 年 7 月 26 日，湖南省开通首条对非国际货运航线，由长

---

[1] 《湖南首条直飞内罗毕航线正式开通》，央广网，http：//news. cnr. cn/native/city/20190613/t20190613_524649919. shtml。

[2] 《湖南今年将新增 2 条通往非洲的航线　与西非贸易往来加速推进》，湖南省人民政府门户网站，http：//www. hunan. gov. cn/hnszf/hnyw/bmdt/202104/t20210420_16472485. html。

沙飞往埃塞俄比亚首都亚的斯亚贝巴。[1]

3. 中非多式联运基本情况

多式联运作为一种高级的运输组织形式，可整合各种运输方式的优势，通过无缝衔接提高运输效率与质量，符合个性化需求对商品运输的要求，在全球化竞争环境中发挥着重要的作用。[2] 2021 年国务院办公厅印发《推进多式联运发展优化调整运输结构工作方案 (2021~2025 年)》，指出大力发展多式联运，推动各种交通运输方式深度融合，进一步优化调整运输结构，提升综合运输效率，降低社会物流成本，促进节能减排降碳。在中非经贸合作方面，湖南省先行先试，构建全新对非物流通道，尤其在多式联运方面做出诸多创新性举措，包括湘粤非铁海联运、湘沪非江海联运、卡航联运等。[3]

其中，湘粤非铁海联运通道是打造中非国际物流通道体系的创新之举，有助于构建从湖南及周边地区到非洲国家"端到端"的全程物流通道。湘粤非铁海联运班列已于 2021 年 9 月在株洲首发，通道以株洲为主集结中心、衡阳为副中心，建设往返粤港澳大湾区港口群的铁路货运通道，并实现班列运行；与粤港澳大湾区港口群往返非洲大陆的海运航线无缝衔接，通过平台合作方分布非洲的自营物流网络，将通道服务延伸至非洲大陆腹地各国，辐射拉美、亚太、中东等地区。与传统江海航线相比，湘粤非通道至东非基本港的全程运输时间可缩短 10 天；至西非基本港的全程运输时间可缩短 9 天，同时全程运输费用可节省约 3%。与公路集港模式相比，湘粤非通道可将头程物流费用降低近 60%。[4] 2022 年 5 月 27 日，永州—湘粤非铁海联运班列首发仪式在永州北站货场内举行，该通道的建立成为湖南省第一个以铁路内支线与五大国际物流通道对接的范例。[5]

---

[1] 《湖南开通首条至非洲国际货运航线》，华声在线，https://hunan.voc.com.cn/article/202207/20220726192955255482.html。

[2] 刘秉镰、林坦：《国际多式联运发展趋势及我国的对策研究》，《中国流通经济》2009 年第 12 期。

[3] 黄婷婷、周月桂：《中非经贸合作，湖南先行先试》，《湖南日报》2022 年 4 月 3 日。

[4] 《湘粤非铁海联运班列正式启运》，中华人民共和国中央人民政府，http://www.gov.cn/xin-wen/2021 - 09/15/content_5637501.htm。

[5] 《永州—中欧班列、永州—湘粤非铁海联运班列首发》，光明网，https://difang.gmw.cn/hn//2022 - 05/27/content_35770734.htm。

（三）需求环境

随着居民收入水平的稳步提高以及消费观念的转变，中国居民消费已进入消费需求持续增长、消费结构加快升级的重要阶段。对于农产品消费来说，一方面，中国拥有广阔的农产品消费市场空间，在人口规模增长、中等收入群体扩大、城镇化和工业化进程加快的拉动下，未来农产品总需求还会不断增加。作为人均农业资源相对紧张的国家，面对日益增长的生活需要，农产品进口增加是自然结果。据中国农业农村部统计，2016～2021年中国农产品进口额从1115.70亿美元增加到2198.20亿美元，增长了97.02%。分品种来看，①谷物、棉花、食糖、食用油籽、食用植物油、蔬菜、水果、畜产品、水产品的进口额都呈大幅上涨态势，其中，谷物的进口额涨幅最大，为251.49%，以上其他农产品的涨幅依次为135.39%、94.87%、56.78%、129.11%、124.53%、149.91%、123.68%、92.21%。值得注意的是，在上述所提到的农产品中，棉花、水果、水产品是非洲代表性的农产品，也是出口比重较大的农产品。因此，在国内农产品需求持续增长的情形下，非洲优势农产品势必在中国具有广阔的市场前景。2016年与2021年中国农产品进口情况见表4－13。

表4－13　2016年与2021年中国农产品进口情况

单位：亿美元；%

品名	2016年	2021年	涨幅
农产品	1115.70	2198.20	97.02
谷物	57.10	200.70	251.49
棉花	17.80	41.90	135.39
食糖	11.70	22.80	94.87
食用油籽	370.40	580.70	56.78
食用植物油	50.50	115.70	129.11
蔬菜	5.30	11.90	124.53

---

① 本部分分品种贸易数据按中国农业农村部农产品分类口径编写。

续表

品名	2016 年	2021 年	涨幅
水果	58.10	145.20	149.91
畜产品	234.00	523.40	123.68
水产品	93.70	180.10	92.21

数据来源：中国海关总署、中国农业农村部。

另一方面，当前中国居民食物消费处于由"生存温饱型"向"小康享受型"升级阶段，对于食品的高品质和多样性需求日益旺盛。而农产品的品质好坏在很大程度上由其生长环境决定。因此，为优化供给结构、满足市场需求，扩大优质农产品进口是必然结果。非洲有许多独具特色、品质优良的物产，是中国国内消费升级中的代表性产品，如咖啡、可可、坚果、鲜花等。以鲜花为例，非洲鲜花以花朵大、花茎长、花期长而受到国际市场的青睐。[1] 并且，在非洲大陆自由贸易区的倡导下，最不发达国家的农产品出口具有较大潜力，[2] 而这些国家中作为农业主体的小农[3]采用农药、矿物化肥的比例仍很低，[4] 农业生产主要依赖自然生长，使得非洲农产品更具"绿色"特征，符合中国消费升级需求。

三　小结

中国自非进口农产品贸易额占中国农产品进口贸易总额的比重较低。同时，通过对比非洲农产品出口情况，中国自非进口的农产品结构与非洲整体农产品出口结构存在不匹配的现象。在中国自非进口额排名前三的农产品中，仅有食用水果及坚果、柑橘属水果或甜瓜（HS08）在非洲前五大

---

[1] 《埃塞俄比亚的香气：咖啡与鲜花》，红网，https://hn.rednet.cn/content/2021/09/20/10183087.html。

[2] UNCTAD, "Export Potential under the African Continental Free Trade Area Limited Prospects for the Least Developed Countries in Africa?", *Policy Brief*, No. 94, February 2022.

[3] 《中国经验赋能非洲小农》，中国经济网，http://www.ce.cn/xwzx/gnsz/gdxw/202106/07/t20210607_36621500.shtml。

[4] World Bank Group, "Non-Labor Input Quality and Small Farms in Sub-Saharan Africa", *Policy Research Working Paper 10092*, June 2022.

类出口农产品中。由于关税壁垒与非关税壁垒的阻碍，非洲许多优势农产品没有进入中国市场，例如辣椒、大蕉、香蕉、部分鲜花等，或通过"借道"的方式输入中国，例如腰果、可可、橡胶等。

自中非合作论坛成立以来，中国一直致力于中非农业合作，通过派遣农业技术专家组、增加对非农业援助和投资等方式，[①] 有效帮助非洲改善生产效率低下并解决投资不足等农业生产问题。[②] 同时，中国自非进口农产品的政策环境逐渐宽松，尤其是构建非洲农产品进口"绿色通道"，加快推动检疫准入程序有助于简化进口流程，提升通关便利化水平，旨在推动更多非洲优质农产品进入中国市场。此外，海运、空运、多式联运等物流环境不断向好，为非洲农产品准时运达、降低损耗提供了保障。最后，国内消费量质齐升，有望逐步解决中非农产品贸易结构不匹配问题，为持续扩大非洲绿色、优质农产品进口蓄力。

---

① 《助力非洲农业发展 中国在行动》，中华人民共和国中央人民政府，http://www.gov.cn/xin-wen/2020 - 10/18/content_5552183.htm。

② World Bank Group, "Two Heads Are Better Than One: Agricultural Production and Investment in Côte d'Ivoire", *Policy Research Working Paper 10047*, May 2022.

|第五章|

中国进口非洲大宗农产品的现状特征与潜力

一　咖啡

（一）生产情况

非洲是世界上咖啡的主要产区之一，共有 29 个非洲国家生产咖啡生豆，2018～2020 年总产量始终保持在 120 万吨以上，占世界咖啡生豆产量的比重在 12% 左右波动，整体保持稳中有升的发展态势，详见表 5－1。从生产国别来看，埃塞俄比亚、乌干达、坦桑尼亚、科特迪瓦和马达加斯加为非洲咖啡生豆前五大生产国。其中，仅埃塞俄比亚和乌干达两国的咖啡生豆产量即可达非洲咖啡生豆总产量的近 70%，集中度高，详见表 5－2。

表 5－1　2018～2020 年非洲和世界咖啡生豆产量情况

单位：万吨；%

	2018 年	2019 年	2020 年
非洲产量	120.72	128.29	128.94
世界产量	1036.84	1002.92	1068.82
占比	11.64	12.79	12.06

数据来源：FAO 数据库。

表 5 - 2　2018~2020 年非洲咖啡生豆主产国生产情况

单位：万吨；%

国家	2018 年		2019 年		2020 年	
	产量	占比	产量	占比	产量	占比
埃塞俄比亚	49.46	40.97	48.26	37.62	58.48	45.35
乌干达	28.42	23.54	31.26	24.37	29.07	22.55
坦桑尼亚	4.53	3.75	6.81	5.31	6.07	4.71
科特迪瓦	4.14	3.43	6.50	5.07	5.94	4.61
马达加斯加	5.55	4.60	6.58	5.13	4.22	3.27
几内亚	5.00	4.14	5.67	4.42	3.86	2.99
肯尼亚	4.14	3.43	4.45	3.47	3.69	2.86
喀麦隆	3.60	2.98	3.61	2.81	3.62	2.81
刚果（金）	3.01	2.49	2.98	2.32	2.98	2.31
卢旺达	3.86	3.20	2.94	2.29	2.05	1.59
其他	9.01	7.46	9.23	7.19	8.96	6.95
合计	120.72	100.00	128.29	100.00	128.94	100.00

数据来源：FAO 数据库。

（二）出口情况

出口方面，本小节根据《条例》分析非洲咖啡生豆（HS090111）和咖啡熟豆（HS090121）的出口情况。根据 UN Comtrade 数据库，受到加工能力等因素的制约，非洲以出口咖啡生豆为主，2018~2020 年的出口额基本维持在 19.40 亿美元左右，占世界咖啡生豆出口额的比重约为 11%，详见表 5 - 3。

表 5 - 3　2018~2020 年非洲与世界咖啡豆出口情况

单位：亿美元；%

	咖啡生豆			咖啡熟豆		
	2018 年	2019 年	2020 年	2018 年	2019 年	2020 年
非洲出口额	19.42	19.39	19.40	0.13	0.17	0.16
世界出口额	185.23	175.47	179.17	104.85	105.50	112.46
占比	10.48	11.05	10.83	0.12	0.16	0.14

数据来源：UN Comtrade 数据库。

　　从出口国别来看，埃塞俄比亚、乌干达、肯尼亚、坦桑尼亚等国 2020 年非洲咖啡生豆出口贸易额位于前列。其中，在出口目的国方面，非洲咖啡生豆大部分流向美国、德国和意大利等。以非洲第一大咖啡生豆出口国埃塞俄比亚为例，2020 年其主要出口市场分别是沙特阿拉伯、美国、德国、比利时、日本和韩国等。同时，从出口量和产量的比值来看，非洲主要咖啡生产国生产的咖啡生豆大多数用于出口，国内消费比例相对较低，详见表 5 - 4。

表 5 - 4　2018～2020 年非洲咖啡生豆主要出口国的出口情况

单位：亿美元；%

国家	年份	出口额	出口/生产	出口目的国 （占出口国出口总额的比重）
埃塞俄比亚	2018	3.76	0.22	沙特阿拉伯（23.39）、德国（12.15）、美国（10.49）、日本（9.87）、比利时（8.03）、韩国（5.14）
	2019	7.95	0.54	德国（16.25）、沙特阿拉伯（14.84）、美国（14.72）、日本（11.23）、比利时（7.65）、韩国（5.72）
	2020	7.96	0.40	沙特阿拉伯（17.24）、美国（15.07）、德国（13.33）、比利时（9.58）、日本（8.61）、韩国（7.10）
乌干达	2018	4.36	0.89	意大利（21.22）、德国（19.14）、苏丹（12.05）、比利时（6.82）、美国（5.42）、西班牙（5.13）
	2019	4.38	0.89	意大利（36.40）、德国（14.65）、苏丹（13.53）、美国（7.01）、印度（5.67）、比利时（5.23）
	2020	5.14	1.13	意大利（23.89）、苏丹（17.06）、德国（14.53）、美国（6.54）、西班牙（6.34）、印度（6.10）
肯尼亚	2018	2.28	1.08	美国（17.49）、德国（15.86）、韩国（10.57）、比利时（9.99）、瑞典（8.31）、瑞士（4.99）
	2019	1.99	1.09	比利时（19.13）、德国（15.57）、美国（15.38）、韩国（9.09）、瑞典（5.66）、挪威（4.58）
	2020	2.09	1.17	美国（21.81）、德国（16.73）、比利时（13.95）、韩国（8.58）、瑞典（6.27）、瑞士（4.32）
坦桑尼亚	2018	0.04	0.43	西班牙（8.54）、意大利（8.15）、埃及（6.81）、日本（5.67）、芬兰（5.60）、英国（5.23）
	2019	1.52	1.12	日本（27.21）、瑞士（14.44）、德国（13.23）、意大利（6.86）、比利时（6.45）、美国（6.30）
	2020	1.45	1.06	日本（23.04）、德国（19.99）、瑞士（10.72）、意大利（9.73）、比利时（7.13）、美国（5.73）

续表

国家	年份	出口额	出口/生产	出口目的国 （占出口国出口总额的比重）
科特迪瓦	2018	1.38	1.85	阿尔及利亚（47.37）、西班牙（20.06）、比利时（15.21）、塞内加尔（3.91）、意大利（3.64）、葡萄牙（3.04）
	2019	1.62	1.67	阿尔及利亚（42.70）、比利时（11.99）、西班牙（9.29）、印度（7.30）、荷兰（5.27）、越南（3.28）
	2020	—	—	—

注：出口/生产即为出口量/产量，下同。若该值大于1，说明出口中除了包括出口国本国生产的部分之外，还包括从其他国家进口的部分。

数据来源：UN Comtrade 数据库。

2020年非洲咖啡熟豆出口额前五大国分别是埃塞俄比亚、肯尼亚、坦桑尼亚、乌干达和马达加斯加。如表5-5所示，非洲咖啡熟豆主要出口至欧美及少数非洲国家。以非洲第一大咖啡熟豆出口国埃塞俄比亚为例，其2020年出口市场分别为德国、沙特阿拉伯、荷兰、美国、吉布提、南非和比利时等。

表5-5　2018~2020年非洲咖啡熟豆主要出口国的出口情况

单位：万美元；%

国家	年份	出口额	出口目的国 （占出口国出口总额的比重）
埃塞俄比亚	2018	67.07	荷兰（44.27）、德国（23.16）、美国（9.38）、沙特阿拉伯（4.92）、阿联酋（3.83）、吉布提（2.46）、瑞士（1.72）、中国（1.39）
	2019	119.09	德国（31.19）、荷兰（22.58）、沙特阿拉伯（20.10）、韩国（4.66）、美国（3.66）
	2020	210.93	德国（44.95）、沙特阿拉伯（30.22）、荷兰（8.43）、美国（4.6）、吉布提（1.68）、南非（1.11）、比利时（1.06）、中国（0.98）
肯尼亚	2018	251.73	丹麦（84.64）、索马里（4.63）、其他（2.6）、中国（1.84）、美国（1.62）
	2019	470.60	丹麦（77.12）、索马里（10.47）、俄罗斯（6.02）、中国（1.49）、荷兰（1.44）、美国（1.21）、其他（0.94）
	2020	82.91	芬兰（43.70）、荷兰（27.47）、沙特阿拉伯（5.71）、索马里（4.90）、美国（3.73）

续表

国家	年份	出口额	出口目的国 （占出口国出口总额的比重）
坦桑尼亚	2018	5.50	肯尼亚（29.46）、希腊（12.53）、丹麦（9.00）、中国（8.23）、比利时（7.92）
	2019	120.41	肯尼亚（42.31）、瑞士（20.65）、比利时（13.91）、希腊（7.47）、德国（6.88）
	2020	63.58	肯尼亚（51.56）、希腊（13.21）、比利时（13.17）、德国（5.17）、约旦（5.06）
乌干达	2018	2.80	南非（91.12）、荷兰（8.88）
	2019	3.85	南苏丹（71.86）、肯尼亚（27.22）
	2020	2.86	南苏丹（83.35）、瑞士（13.14）、美国（2.79）、英国（0.73）
马达加斯加	2018	0.33	法国（98.28）、毛里求斯（1.48）
	2019	0.43	法国（100.00）
	2020	0.16	法国（99.70）、德国（0.24）

数据来源：UN Comtrade 数据库。

（三）国内需求情况

一方面，中国咖啡市场进入供不应求的高增长阶段。如图 5-1 所示，2009~2017 年中国咖啡生豆产量稳步增长并在 2017 年达到最大值 16.51 万吨，随后每年略减但基本保持平稳态势。2009~2020 年中国咖啡生豆的消

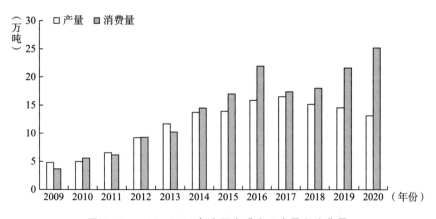

图 5-1　2009~2020 年中国咖啡生豆产量和消费量

数据来源：中国农业农村部；美国农业部：《咖啡：世界市场和贸易》（2013~2021 年）。

费总量由 3.66 万吨提升到 25.20 万吨,增长幅度超过 6 倍。虽然中国咖啡市场消费增速在 2016 年后有所下降,但 2016～2020 年 5 年来的复合年均增长率仍超过 30%。不难发现,自 2010 年中国咖啡市场消费量首次超过产量以来,产量与消费量之间的缺口逐步扩大,咖啡市场供不应求趋势明显。

另一方面,中国咖啡市场需求潜力巨大。《2021 中国咖啡行业发展白皮书》显示,2020 年中国大陆人均咖啡消费量仅为 9 杯/年,虽相较 2013 年(3.2 杯/年)已增长近 2 倍,但与日本(280 杯/年)、美国(329 杯/年)、韩国(367 杯/年)仍相距甚远。即使以 2020 年中国城镇就业人口数(4.63 亿人)作为中国咖啡消费人群基数(短期内暂不考虑老幼及农村人口),如图 5-2 所示,中国人均咖啡生豆消费量约为日本消费量的 15%、美国消费量的 11%。此外,据 2020 年伦敦国际咖啡组织统计,相比 2% 的全球平均增速,中国咖啡消费量正在以每年 15% 的惊人速度增长。

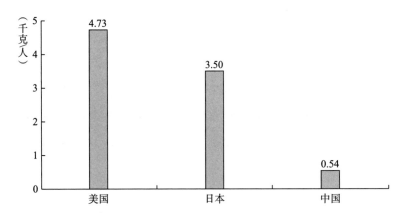

图 5-2 中、美、日人均咖啡生豆消费量比较

注:中国人均咖啡生豆消费量使用城镇就业人口数,美国、日本使用总人口数。

数据来源:中国国家统计局;中国农业农村部;美国农业部:《咖啡:世界市场和贸易》,2021 年 12 月。

(四)市场准入和关税政策

根据《目录》,全球范围内已有 41 个国家和地区的咖啡豆符合中国评估审查要求且与中国有传统贸易,其中非洲国家有 7 个,即埃塞俄比亚、喀麦隆、肯尼亚、卢旺达、坦桑尼亚、乌干达、赞比亚,进口准入状态正常。

从关税政策看，如表 5 - 6 所示，中国对咖啡生豆、咖啡熟豆的最惠国税率分别为 8% 、15% ，普通税率为 50% 、80% ，而特惠税率均为 0% 。对比欧美进口关税，除了欧盟对咖啡熟豆进口征收的第三国关税为 7.5% 外，美国和欧盟对其余产品征收的进口关税普遍为 0% 。这意味着在进口非洲咖啡豆方面，欧盟和美国市场相较中国市场拥有更低的进口关税成本。

表 5 - 6　中国、中国—东盟、欧美进口咖啡豆的关税

单位：%

品名	中国进口关税①					美国进口关税②			欧盟进口关税③		
	最惠国税率	普通税率	暂定税率	特惠税率	中国—东盟协定税率	一般进口税率	特殊进口税率		第三国关税税率	ESA 1034	EBA 2005
							GSP	AGOA			
咖啡生豆	8	50	—	0	5	0	—	—	0	0	0
咖啡熟豆	15	80	—	0	5	0	—	—	7.5	0	0

注：① 从上往下税号依次为：0901110000、0901210000；② 从上往下税号依次为：09011100、09012100；③ 从上往下税号依次为：090111、090121。

数据来源：中国海关总署、中国自由贸易区服务网、TARIC、USITC（更新于 2022 年 8 月）。

（五）国内进口情况

根据 UN Comtrade 公布的数据，2018 ~ 2020 年，中国咖啡豆进口呈稳中有升态势，2020 年进口额达 3.01 亿美元，相较 2018 年的 2.92 亿美元增长了 3.08% 。从进口产品类别来看，咖啡生豆和熟豆的进口额较为接近。其中，2020 年中国咖啡生豆进口额近 1.6 亿美元，咖啡熟豆进口额约为 1.43 亿美元，详见表 5 - 7 。

表 5 - 7　2018 ~ 2020 年中国咖啡豆进口额

单位：亿美元；%

HS 编码 - 品名	2018 年		2019 年		2020 年	
	进口额	占比	进口额	占比	进口额	占比
090111 - 咖啡生豆	1.36	46.58	1.36	52.71	1.58	52.49
090121 - 咖啡熟豆	1.56	53.42	1.22	47.29	1.43	47.51
合计	2.92	100.00	2.58	100.00	3.01	100.00

数据来源：UN Comtrade 数据库。

中国咖啡豆进口来源国分布较为广泛，但难觅非洲国家身影。具体来看，现阶段中国主要从越南、巴西、哥伦比亚、危地马拉等东南亚与美洲国家进口咖啡生豆。在非洲国家中，埃塞俄比亚是中国最大的咖啡生豆进口来源国，2020年中国从埃塞俄比亚进口咖啡生豆的进口额达2145万美元，占进口总额的13.60%，仅次于越南、巴西、哥伦比亚、危地马拉。然而，中国与其他非洲国家咖啡生豆的贸易规模较小，例如与乌干达、肯尼亚等咖啡生豆主产国的贸易额仅占中国进口总额的1%~3%。而在咖啡熟豆进口方面，中国主要从马来西亚、意大利、日本、瑞士、美国等国家进口。2020年中国咖啡生豆和熟豆进口来源国情况详见表5-8和表5-9。

表5-8　2020年中国咖啡生豆进口来源国

单位：百万美元；%

序号	国家	进口额	占比
1	越南	34.68	21.99
2	巴西	24.37	15.45
3	哥伦比亚	22.95	14.55
4	危地马拉	22.40	14.21
5	埃塞俄比亚	21.45	13.60
6	印度尼西亚	11.16	7.08
7	乌干达	4.79	3.04
8	巴拿马	2.22	1.41
9	哥斯达黎加	2.21	1.40
10	肯尼亚	2.14	1.36
11	其他	9.32	5.91
合计		157.69	100.00

数据来源：UN Comtrade 数据库。

表5-9　2020年中国咖啡熟豆进口来源国

单位：百万美元；%

序号	国家	进口额	占比
1	马来西亚	50.76	35.46

续表

序号	国家	进口额	占比
2	意大利	29.36	20.51
3	日本	13.69	9.56
4	瑞士	13.48	9.42
5	美国	12.15	8.49
6	英国	5.67	3.96
7	葡萄牙	5.12	3.58
8	德国	2.82	1.97
9	哥伦比亚	1.53	1.07
10	越南	1.30	0.91
11	其他	7.25	5.07
合计		143.13	100.00

数据来源：UN Comtrade 数据库。

二　花生

（一）生产情况

非洲是世界上花生的主产地，产量超过世界总产量的 30%。FAO 数据库显示，2018～2020 年非洲未去壳花生产量保持在年产 1600 万吨的水平，2020 年占全球未去壳花生产量的比重为 31.43%，详见表 5－10。从生产国来看，2020 年非洲未去壳花生产量排名前五的国家分别为尼日利亚、苏丹、塞内加尔、几内亚、乍得。其中，尼日利亚是非洲最大的花生生产国，其2020 年未去壳花生产量为 449.28 万吨，占非洲未去壳花生总产量的 26.65%。此外，塞内加尔与几内亚花生产量增势明显，详见表 5－11。

表 5－10　2018～2020 年非洲和世界未去壳花生产量情况

单位：万吨；%

	2018 年	2019 年	2020 年
非洲产量	1687.94	1662.95	1686.03

续表

	2018 年	2019 年	2020 年
世界产量	5147.22	4954.42	5363.89
占比	32.79	33.56	31.43

数据来源：FAO 数据库。

表 5 – 11　2018～2020 年非洲未去壳花生主产国生产情况

单位：万吨；%

国家	2018 年		2019 年		2020 年	
	产量	占比	产量	占比	产量	占比
尼日利亚	460.00	27.25	446.10	26.83	449.28	26.65
苏丹	288.40	17.09	282.80	17.01	277.31	16.45
塞内加尔	150.06	8.89	142.13	8.55	179.75	10.66
几内亚	77.01	4.56	95.77	5.76	107.44	6.37
乍得	89.39	5.30	87.32	5.25	84.00	4.98
坦桑尼亚	67.00	3.97	68.00	4.09	69.00	4.09
尼日尔	59.42	3.52	54.40	3.27	59.41	3.52
喀麦隆	48.00	2.84	50.00	3.01	50.00	2.97
加纳	52.10	3.09	45.00	2.71	45.00	2.67
马拉维	34.46	2.04	35.00	2.10	35.00	2.08
其他	362.10	21.45	356.43	21.43	329.84	19.56
合计	1687.94	100.00	1662.95	100.00	1686.03	100.00

数据来源：FAO 数据库。

（二）出口情况

出口方面，本小节根据《条例》分析非洲未去壳花生（HS120241）和去壳花生（HS120242）的出口情况。根据 UN Comtrade 公布的数据，非洲以出口去壳花生为主，2020 年去壳花生出口额为 6.24 亿美元，而未去壳花生的出口额仅为 0.09 亿美元。非洲去壳花生出口额占世界花生出口额的比重呈现较快速度的增长，由 2018 年的 9.80% 提升至 2020 年的 17.55%，详见表 5 – 12。

表 5 – 12 2018～2020 年非洲与世界花生出口情况

单位：亿美元；%

	未去壳花生			去壳花生		
	2018 年	2019 年	2020 年	2018 年	2019 年	2020 年
非洲出口额	0.13	0.45	0.09	2.14	3.89	6.24
世界出口额	1.93	2.70	3.76	21.83	27.44	35.55
占比	6.74	16.67	2.39	9.80	14.18	17.55

数据来源：UN Comtrade 数据库。

如表 5 – 13 和表 5 – 14 所示，2020 年未去壳花生出口额位列非洲前五的国家分别为塞内加尔、喀麦隆、马拉维、南非与尼日尔，而非洲前五大去壳花生出口国包括苏丹、塞内加尔、埃及、马拉维和南非。从出口目的国来看，塞内加尔的去壳和未去壳花生几乎全部出口至中国，苏丹、埃及的去壳花生分别流至亚洲及欧洲地区，马拉维、南非等国的未去壳及去壳花生则基本在非洲各国间保持内部流转趋势。此外，从出口量和产量的比值可以看出，非洲国家花生产量虽较为丰富，但对国际市场的输出量依然较低。

表 5 – 13 2018～2020 年非洲未去壳花生主要出口国的出口情况

单位：百万美元；%

国家	年份	出口额	出口/生产	出口目的国 （占出口国出口总额的比重）
塞内加尔	2018	10.54	1.32	中国（99.20）
	2019	38.84	7.15	中国（95.05）
	2020	7.11	0.85	中国（100.00）
喀麦隆	2018	0.03	0.01	中非（93.55）
	2019	0.60	0.10	—
	2020	0.27	0.06	—
马拉维	2018	0.00	0.00	南非（100.00）
	2019	0.00	0.00	赞比亚（100.00）
	2020	0.21	0.07	南非（100.00）

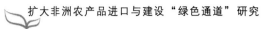

续表

国家	年份	出口额	出口/生产	出口目的国 （占出口国出口总额的比重）
南非	2018	0.09	0.21	莱索托（34.83）、赞比亚（32.58）、纳米比亚（13.48）、莫桑比克（10.11）
	2019	0.13	0.32	莱索托（64.89）、博茨瓦纳（15.27）、莫桑比克（9.92）
	2020	0.21	0.35	莱索托（49.29）、斯威士兰（41.23）、博茨瓦纳（6.16）
尼日尔	2018	0.02	0.01	尼日利亚（52.17）、布基纳法索（47.83）
	2019	0.32	0.22	加纳（66.35）、阿尔及利亚（15.09）
	2020	0.20	0.13	尼日利亚（32.83）、加纳（29.29）、科特迪瓦（21.21）

数据来源：UN Comtrade 数据库。

表 5 - 14　2018 ~ 2020 年非洲去壳花生主要出口国的出口情况

单位：百万美元；%

国家	年份	出口额	出口目的国 （占出口国出口总额的比重）
苏丹	2018	58.26	印度尼西亚（56.01）、中国（9.32）、菲律宾（7.84）
	2019	119.64	—
	2020	305.08	—
塞内加尔	2018	60.45	中国（96.97）
	2019	151.58	中国（97.83）
	2020	190.27	中国（98.47）
埃及	2018	56.66	意大利（42.89）、德国（18.65）、瑞士（4.81）
	2019	42.11	意大利（38.81）、德国（18.33）、荷兰（7.88）
	2020	46.29	意大利（38.55）、德国（15.68）、荷兰（13.56）
马拉维	2018	13.81	肯尼亚（47.63）、津巴布韦（25.09）、坦桑尼亚（22.08）
	2019	39.51	肯尼亚（43.93）、坦桑尼亚（39.76）、南非（5.82）
	2020	39.38	肯尼亚（38.65）、坦桑尼亚（34.15）、南非（15.00）
南非	2018	12.59	比利时（35.79）、日本（32.35）、莫桑比克（19.59）
	2019	9.70	莫桑比克（47.38）、日本（29.31）、比利时（13.67）
	2020	16.62	莫桑比克（31.32）、日本（29.21）、比利时（28.23）

数据来源：UN Comtrade 数据库。

（三）国内需求情况

随着中国居民生活水平的提高，国内市场对花生的需求量逐年提升。中国花生消费以油用为主。美国农业部数据显示，中国花生油消费量呈逐年增长趋势，与 2000 年相比，2020 年中国花生油消费量增长了 68.57%，详见图 5 - 3。

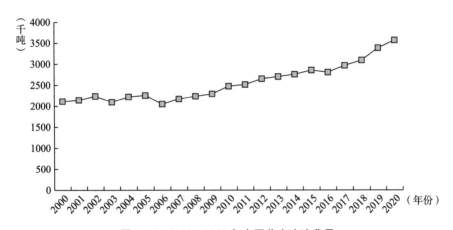

图 5 - 3　2000 ~ 2020 年中国花生油消费量
数据来源：Wind。

（四）市场准入和关税政策

根据《目录》，全球范围内已有 11 个国家和地区的花生符合中国评估审查要求且与中国有传统贸易，其中非洲国家有 3 个，即埃塞俄比亚、塞内加尔和苏丹，[①] 进口准入状态正常。从关税政策上看，由表 5 - 15 可知，中国进口非洲未去壳花生和去壳花生的特惠税率为 0%，最惠国税率为 15%，普通税率高达 70%，意味着部分非洲国家的花生进入中国需缴纳高额的进口关税。美国对未去壳花生和去壳花生进口分别按 9.35¢/kg 和 6.6¢/kg 征收从量税；此外，欧盟对花生进口的第三国税率为 0%。综上可知，相较于欧盟，部分非洲国家的花生进入中国仍存在较高的关税壁垒，对于中国进口非洲花生的企业来说面临较高的关税负担。

———————

① 其中苏丹仅限去壳花生。

表 5－15　中国、中国—东盟、欧美进口花生的关税

单位：%

品名	中国进口关税①					美国进口关税②			欧盟进口关税③		
	最惠国税率	普通税率	暂定税率	特惠税率	中国—东盟协定税率	一般进口税率	特殊进口税率		第三国关税税率	ESA 1034	EBA 2005
							GSP	AGOA			
未去壳花生	15	70	—	0	0	9.35¢/kg	0	0	0	0	—
去壳花生	15	70	—	0	0	6.6¢/kg	0	0	0	0	—

注：①从上往下税号依次为 1202410000、1202420000；②从上往下税号依次为 12024105、12024210；③从上往下税号依次为 120241、120242。

数据来源：中国海关总署、中国自由贸易区服务网、TARIC、USITC（更新于 2022 年 8 月）。

（五）国内进口情况

在花生进口方面，因国内供应不足，中国已从传统花生出口大国逐渐转变为花生进口大国。① 如表 5－16 所示，2020 年中国花生进口额为 8.35 亿美元，其中未去壳花生与去壳花生进口额分别为 1.82 亿美元与 6.53 亿美元，分别占花生进口总额的 21.80% 与 78.20%，可以看出中国进口花生以去壳花生为主。

表 5－16　2018～2020 年中国花生进口额

单位：亿美元；%

HS 编码 - 品名	2018 年		2019 年		2020 年	
	进口额	占比	进口额	占比	进口额	占比
120241 - 未去壳花生	0.52	44.83	0.36	11.21	1.82	21.80
120242 - 去壳花生	0.64	55.17	2.85	88.79	6.53	78.20
合计	1.16	100.00	3.21	100.00	8.35	100.00

数据来源：UN Comtrade 数据库。

如表 5－17 所示，中国在未去壳花生方面的进口来源国十分集中，基本只从美国与越南两国进口，且美国优势明显，达 97.25%，由此可见中国在未去壳花生进口方面对美国的依赖十分严重。进一步而言，在中非经贸合

---

① 冯喜梅、聂江文等：《全球花生生产和贸易的时空动态变化研究》，《花生学报》2021 年第 4 期。

作日益紧密的背景下，非洲花生在中国市场的巨大潜力将得以释放。

表 5 - 17　2020 年中国未去壳花生进口来源国

单位：亿美元；%

序号	国家	进口额	占比
1	美国	1.77	97.25
2	越南	0.05	2.75
合计		1.82	100.00

数据来源：UN Comtrade 数据库。

如表 5 - 18 所示，苏丹和塞内加尔是中国去壳花生主要的进口来源国，分别占中国去壳花生进口总额的 41.81% 和 37.67%。如前所述，塞内加尔去壳花生绝大部分出口至中国，与中国在花生贸易上具有高度依赖关系。

表 5 - 18　2020 年中国去壳花生进口来源国

单位：亿美元；%

序号	国家	进口额	占比
1	苏丹	2.73	41.81
2	塞内加尔	2.46	37.67
3	印度	0.62	9.49
4	埃塞俄比亚	0.30	4.59
5	美国	0.29	4.44
6	其他	0.13	1.99
合计		6.53	100.00

数据来源：UN Comtrade 数据库。

三　芝麻

（一）生产情况

非洲是世界上芝麻的主产地，占世界芝麻总产量的近 2/3。FAO 数据库显示，2020 年非洲芝麻产量为 428.30 万吨，相较 2018 年的 347.57 万吨，增长幅度达到 23.23%，占全球芝麻产量的比重由 2018 年的 59.02% 增长至 2020 年的 62.95%，详见表 5-19。从生产国别来看，2018~2020 年芝麻产量排名前五的非洲国家分别为苏丹、坦桑尼亚、尼日利亚、布基纳法索和埃塞俄比亚，且前三国即贡献了约六成的非洲芝麻总产量。其中，苏丹因其悠久的种植历史以及极具优势的播种面积而稳居榜首，而坦桑尼亚与尼日利亚则是得益于较高的单位产量。2018~2020 年非洲芝麻主产国生产情况详见表 5-20。

表 5-19　2018~2020 年非洲和世界芝麻产量情况

单位：万吨；%

	2018 年	2019 年	2020 年
非洲产量	347.57	404.32	428.30
世界产量	588.88	654.91	680.38
占比	59.02	61.74	62.95

数据来源：FAO 数据库。

表 5-20　2018~2020 年非洲芝麻主产国生产情况

单位：万吨；%

国家	2018 年		2019 年		2020 年	
	产量	占比	产量	占比	产量	占比
苏丹	96.00	27.62	121.00	29.93	152.51	35.61
坦桑尼亚	64.00	18.41	68.00	16.82	71.00	16.58
尼日利亚	48.00	13.81	51.00	12.61	49.00	11.44
布基纳法索	25.39	7.31	37.47	9.27	27.00	6.30
埃塞俄比亚	20.17	5.80	26.27	6.50	26.03	6.08
乍得	17.25	4.96	21.77	5.38	20.21	4.72
南苏丹	19.18	5.52	19.08	4.72	18.97	4.43
乌干达	14.40	4.14	14.40	3.56	14.60	3.41
莫桑比克	7.43	2.14	8.04	1.99	13.20	3.08
尼日尔	9.02	2.60	9.77	2.42	8.82	2.06
其他	26.73	7.69	27.52	6.81	26.96	6.29
合计	347.57	100.00	404.32	100.00	428.30	100.00

数据来源：FAO 数据库。

（二）出口情况

出口方面，本小节将根据《条例》分析非洲芝麻（HS120740）的出口情况。根据 UN Comtrade 数据库，2018～2019 年非洲芝麻出口额逐年增长，2020 年达 19.16 亿美元，相较于 2018 年增长幅度达 19.53%；占世界芝麻出口额的比重较为稳定，2020 年达到 57.85%，详见表 5-21。

表 5-21　2018～2020 年非洲与世界芝麻出口情况

单位：亿美元；%

	2018 年	2019 年	2020 年
非洲出口额	16.03	18.19	19.16
世界出口额	27.86	31.47	33.12
占比	57.54	57.80	57.85

数据来源：UN Comtrade 数据库。

非洲芝麻出口额居前五位的国家分别为苏丹、埃塞俄比亚、尼日利亚、尼日尔与坦桑尼亚。而在出口目的国方面，非洲芝麻的出口流向均明确指向了以中国为首的亚洲地区，详见表 5-22。

表 5-22　2018～2020 年非洲芝麻主要出口国的出口情况

单位：亿美元；%

国家	年份	出口额	出口/生产	出口目的国 （占出口国出口总额的比重）
苏丹	2018	6.39	0.46	中国（50.87）、埃及（9.84）、沙特阿拉伯（8.82）、土耳其（6.87）、黎巴嫩（6.12）
	2019	7.22	0.36	中国（35.35）、印度（15.97）、沙特阿拉伯（11.47）、埃及（10.13）、土耳其（7.92）
	2020	6.90	0.33	中国（41.03）、印度（11.67）、土耳其（9.25）、埃及（8.88）、沙特阿拉伯（6.91）
埃塞俄比亚	2018	2.82	0.95	中国（29.45）、以色列（28.29）、越南（8.74）、土耳其（6.45）、阿联酋（5.28）
	2019	3.15	0.74	以色列（28.69）、阿联酋（16.24）、中国（15.9）、日本（8.43）、新加坡（8.38）
	2020	3.63	0.95	阿联酋（28.05）、以色列（21.96）、新加坡（11.98）、越南（10.78）、中国（8.96）

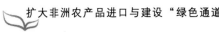
续表

国家	年份	出口额	出口/生产	出口目的国 （占出口国出口总额的比重）
尼日利亚	2018	2.91	0.47	中国（29.98）、日本（21.80）、土耳其（17.75）、越南（7.20）、印度（4.96）
	2019	2.89	1.02	日本（23.21）、土耳其（19.15）、中国（15.95）、印度（13.53）、越南（7.88）
	2020	3.00	0.51	中国（32.05）、日本（23.23）、土耳其（13.70）、印度（9.53）、越南（8.51）
尼日尔	2018	1.68	1.58	中国（99.40）
	2019	2.30	1.64	中国（96.22）
	2020	2.24	2.04	中国（98.47）
坦桑尼亚	2018	0.01	0.03	中国（57.33）、日本（42.34）
	2019	1.69	0.19	中国（88.89）、日本（9.43）
	2020	1.52	0.23	中国（83.28）、日本（9.96）

数据来源：UN Comtrade 数据库。

（三）国内需求情况

中国的芝麻消费以油用与食用为主，占消费总量的80%。其中，芝麻油因其功效多样，已成为国内基本食用油之一，年消费量在22万吨左右。[1] 如图5-4所示，2010～2020年中国芝麻产量较为稳定，但需求量整体呈上升趋势。供需之间的缺口在经历2012～2016年的跃升后，近年来趋于平稳。

（四）市场准入及关税情况

根据《目录》，全球范围内已有41个国家和地区的芝麻符合中国评估审查要求且与中国有传统贸易，其中非洲国家有20个，即埃及、埃塞俄比亚、贝宁、布基纳法索、多哥、厄立特里亚、冈比亚、吉布提、加纳、喀麦隆、肯尼亚、马里、莫桑比克、尼日尔、尼日利亚、塞内加尔、苏丹、索

---

① 《中国芝麻种植行业发展趋势研究与未来投资分析报告》，网易，https://www.163.com/dy/article/H7Q625030518H9Q1.html。

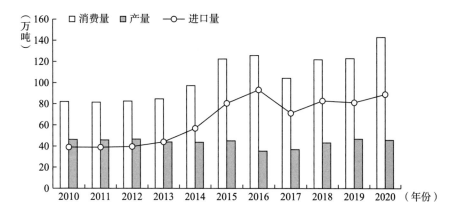

图 5 - 4　2010 ~ 2020 年中国芝麻消费量、产量与进口量情况
数据来源：中国国家统计局、智研咨询。

马里、坦桑尼亚、乌干达，进口准入状态正常。从关税政策上看，如表 5 - 23 所示，中国对种用芝麻的进口普通税率、最惠国税率和特惠税率均为 0%，美国一般进口税率和欧盟进口的第三国关税也为 0%，说明单就关税水平而言，非洲芝麻进入中国、欧盟和美国市场的关税成本相同。

表 5 - 23　中国、中国—东盟、欧美进口芝麻的关税

单位：%

品名	中国进口关税①					美国进口关税②			欧盟进口关税③		
	最惠国税率	普通税率	暂定税率	特惠税率	中国—东盟协定税率	一般进口税率	特殊进口税率		第三国关税税率	ESA 1034	EBA 2005
							GSP	AGOA			
芝麻	0	0	—	0	0	0	—	—	0	0	—

注：①税号为 1207401000；②税号为 1207400000；③税号为 12074010。
数据来源：中国海关总署、中国自由贸易区服务网、TARIC、USITC（更新于 2022 年 8 月）。

（五）国内进口情况

根据 UN Comtrade 公布的数据，2020 年中国芝麻进口额为 12.72 亿美元，相较 2018 年的 10.67 亿美元，进口额增速逾 19%。如表 5 - 24 所示，2020 年中国芝麻进口贸易额排名前八位的国家均为非洲国家，其中包括 6 个非洲主产国，即苏丹、尼日尔、埃塞俄比亚、坦桑尼亚、莫桑比克与乌干达。尼日尔和马里的芝麻出口几乎锚定中国市场。

表 5－24　2020 年中国芝麻进口来源国

单位：亿美元；%

序号	国家	进口额	占比
1	苏丹	2.96	23.27
2	尼日尔	2.21	17.37
3	埃塞俄比亚	2.09	16.43
4	坦桑尼亚	1.54	12.11
5	多哥	1.43	11.24
6	莫桑比克	1.11	8.73
7	马里	0.67	5.27
8	乌干达	0.18	1.42
9	巴基斯坦	0.11	0.86
10	印度	0.11	0.86
11	其他	0.31	2.44
合计		12.72	100.00

数据来源：UN Comtrade 数据库。

四　棉花

（一）生产情况

非洲是世界上重要的棉花生产基地。FAO 数据库显示，2019 年非洲棉花产量[①]为 205.29 万吨，相较 2017 年的 172.14 万吨，增幅达 19.26%，占世界棉花产量的比重逐年递增，2019 年为 8.05%。从生产国别来看，主要包括贝宁、马里、布基纳法索与乍得在内的非洲棉花四国以及盛产优质长绒棉的埃及。具体而言，2019 年贝宁、马里、布基纳法索、科特迪瓦与坦

[①]　棉花产量指全社会的产量，包括春播棉和夏播棉，产量按皮棉计算，不包括木棉。参考中国国家统计局指标解释，http://www.stats.gov.cn/tjsj/zbjs/201912/t20191202_1713049.html。

桑尼亚为非洲前五大产棉国,其棉花产量之和占非洲产量的60.29%。其中,贝宁的棉花产量从2017年的16.44万吨增长到2019年的30万吨,增长幅度达82.48%。随着政治危机的消除,科特迪瓦的棉花生产投入持续增加,棉花的产量和质量也有所提高。[①] 埃及却因政府未能及时适应市场变化,逐步丧失了其作为世界"长绒棉王国"的地位。2017~2019年非洲和世界棉花产量及非洲主产国生产情况详见表5-25和表5-26。

表5-25 2017~2019年非洲和世界棉花产量情况[②]

单位:万吨;%

	2017 年	2018 年	2019 年
非洲产量	172.14	178.20	205.29
世界产量	2546.25	2486.37	2551.53
占比	6.76	7.17	8.05

数据来源:FAO数据库。

表5-26 2017~2019年非洲棉花主产国生产情况

单位:万吨;%

国家	2017 年		2018 年		2019 年	
	产量	占比	产量	占比	产量	占比
贝宁	16.44	9.55	27.78	15.59	30.00	14.61
马里	29.86	17.35	27.58	15.48	29.52	14.38
布基纳法索	30.88	17.94	17.57	9.86	24.74	12.05
科特迪瓦	13.78	8.01	16.54	9.28	21.15	10.30
坦桑尼亚	6.65	3.86	11.12	6.24	18.38	8.95
苏丹	17.27	10.03	18.73	10.51	14.99	7.30
喀麦隆	10.60	6.16	10.00	5.61	14.00	6.82

---

① 《2018/19年度科特迪瓦棉花产量增加》,中国纺织经济信息网,http://news.ctei.cn/internal/gjzx/201804/t20180423_3702948.htm。

② 数据更新于2022年5月,FAO数据库暂未公布2020年的棉花生产数据。

国家	2017 年		2018 年		2019 年	
	产量	占比	产量	占比	产量	占比
埃及	7.87	4.57	12.40	6.96	7.30	3.56
乍得	2.18	1.27	0.87	0.49	7.08	3.45
多哥	5.50	3.20	4.56	2.56	5.85	2.85
其他	31.11	18.07	31.05	17.42	32.28	15.72
合计	172.14	100.00	178.20	100.00	205.29	100.00

数据来源：FAO 数据库。

（二）出口情况

出口方面，本小节根据《条例》分析非洲棉花（HS520100）[①] 的出口情况。根据 UN Comtrade 数据库，2020 年非洲棉花出口额为 15.90 亿美元，相较 2018 年下降了 15.20%。2018~2020 年非洲棉花出口额占世界棉花出口额的比重基本维持在 12% 左右。2018~2020 年非洲与世界棉花出口情况详见表 5-27。

表 5-27 2018~2020 年非洲与世界棉花出口情况

单位：亿美元；%

	2018 年	2019 年	2020 年
非洲出口额	18.75	18.95	15.90
世界出口额	159.78	150.31	143.08
占比	11.73	12.61	11.11

数据来源：UN Comtrade 数据库。

从出口国别来看，西非国家长期居非洲棉花出口额的前列。2020 年非洲棉花出口贸易额前五大国分别是贝宁、布基纳法索、埃及、多哥和坦桑尼亚。如表 5-28 所示，非洲棉花多流向亚洲地区，以南亚与东南亚为主，这主要与南亚、东南亚纺织业的崛起有关。

---

① 包含 5201000001 和 5201000090。

表5－28　2018～2020年非洲棉花主要出口国的出口情况

单位：亿美元；%

国家	年份	出口额	出口/生产	出口目的国 （占出口国出口总额的比重）
贝宁	2018	4.44	0.93	孟加拉国（48.17）、越南（18.01）、中国（8.84）、马来西亚（8.07）、埃及（7.11）
	2019	4.50	0.90	孟加拉国（49.93）、越南（17.52）、中国（9.73）、埃及（6.49）、马来西亚（4.58）
	2020	4.51	—	孟加拉国（70.37）、中国（7.67）、马来西亚（7.25）、乌克兰（5.91）、埃及（3.23）
布基纳法索	2018	3.18	1.13	新加坡（46.77）、法国（32.51）、瑞士（12.56）
	2019	3.52	0.88	新加坡（48.00）、瑞士（25.68）、法国（17.01）
	2020	2.62	—	新加坡（28.14）、瑞士（27.22）、毛里求斯（12.81）
埃及	2018	1.27	0.35	印度（53.81）、巴基斯坦（17.44）、中国（9.06）、孟加拉国（7.35）
	2019	1.68	0.92	印度（56.44）、巴基斯坦（20.58）、孟加拉国（7.64）、中国（7.52）
	2020	1.62	—	印度（54.17）、巴基斯坦（25.58）、孟加拉国（8.79）、中国（3.93）
多哥	2018	0.88	1.06	马来西亚（47.20）、孟加拉国（12.92）、越南（8.90）、中国（7.08）
	2019	0.98	0.98	印度（37.74）、马来西亚（23.91）、越南（9.89）、巴基斯坦（7.89）、中国（6.34）
	2020	0.63	—	中国（30.84）、马来西亚（25.33）、越南（11.58）、巴基斯坦（10.87）、印度（10.49）、孟加拉国（5.55）
坦桑尼亚	2018	0.00	0.01	马来西亚（39.62）、泰国（26.62）、孟加拉国（8.78）、印度（7.28）
	2019	0.63	0.30	巴基斯坦（27.84）、瑞士（24.94）、孟加拉国（14.78）、印度（10.19）
	2020	0.51	—	巴基斯坦（59.32）、瑞士（14.37）、印度（5.23）、泰国（3.64）

数据来源：UN Comtrade 数据库。

（三）国内需求情况

棉花是关系国计民生的重要商品。随着纺织工业的发展、对外出口规模的扩大和人民生活水平的提高，中国棉花消费量大幅度上升。据美国农业部与智研咨询调查，2020 年中国棉花消费量超过全球消费总量的 1/3，位居世界第一，详见图 5-5。

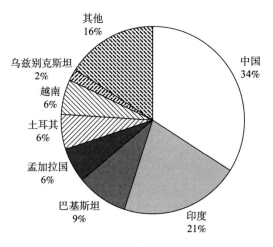

图 5-5　2020 年世界棉花消费量分布情况

数据来源：美国农业部、智研咨询。

如图 5-6 所示，中国棉花的供给和需求存在一定缺口。而这一供需缺口的长期存在使得 2016～2020 年中国棉花进口量占消费量的比重呈上升趋势，棉花对外依存度有所提高。

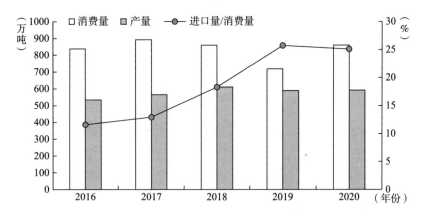

图 5-6　2016～2020 年中国棉花消费量、产量与进口量情况

数据来源：美国农业部、智研咨询。

（四）市场准入及关税政策

为保护国内棉农利益，与欧美国家对进口棉花采取零关税相比，中国对进口棉花征收的关税较高且进行关税配额管理。如表 5 - 29 所示，中国对配额内的棉花实行 1% 的固定关税，而对配额外进口的棉花实行滑准税形式暂定关税。

表 5 - 29 中国、中国—东盟、欧美进口棉花的关税

单位：%

品名	中国进口关税①					美国进口关税②			欧盟进口关税③		
	最惠国税率	普通税率	暂定税率	特惠税率	中国—东盟协定税率	一般进口税率	特殊进口税率		第三国关税税率	ESA 1034	EBA 2005
							GSP	AGOA			
棉花	40④	125	—	—	5	0	—	—	0	0	0

注：①税号为 52010000；②税号为 5201000500；③税号为 52010010。④关税配额税率：1%。

关税配额暂定税率：对配额外进口的一定数量棉花，适用滑准税式暂定关税，具体方式如下：

1. 当进口棉花完税价格高于或等于 14.000 元/千克时，按 0.280 元/千克计征从量税；

2. 当进口棉花完税价格低于 14.000 元/千克时，暂定从价税率按下式计算：Ri = 9.0/Pi + 2.69% × Pi - 1。对上式计算结果四舍五入保留 3 位小数。其中 Ri 为暂定从价税率，当按上式计算值高于 40% 时，Ri 取值 40%；Pi 为关税完税价格，单位为元/千克。

数据来源：中国海关总署、中国自由贸易区服务网、TARIC、USITC（更新于 2022 年 8 月）。

（五）国内进口情况

2020 年中国棉花进口额为 35.63 亿美元，相较于 2018 年的 31.66 亿美元，增幅达到 12.54%。从进口来源国来看，2020 年美国、巴西、印度、澳大利亚为中国棉花进口的主要来源国家，进口份额占比分别为 45.05%、29.22%、10.86%、6.31%，而非洲棉花进口额所占比重较低，详见表 5 - 30。究其原因，一是西非棉价格偏高。在同船期内，西非棉 6.5 ~ 7.5 美分/磅的基差普遍高于 4 ~ 6 美分/磅的印度棉或是 6 ~ 7 美分/磅的巴西棉；二是非洲棉花资源产地多但仍以手采为主，收购及加工的非标准化使得保税或清关棉难以实现批量采购；三是非洲棉花上市期较北半球其他产地晚，加之运输距离长、途中受湿度等条件影响易使棉花出现降等降级现象。[1] 此

---

① 《为何非洲棉在中国市场难有作为？》，纺织网，http://info.texnet.com.cn/detail - 848948.html。

外,这也与中国对棉花实行进口配额管理制度有一定关系,中国的进口配额仍主要用于进口澳棉、美棉、巴西棉等。

表 5 – 30 2020 年中国棉花进口来源国

单位:亿美元;%

序号	国家	进口额	占比
1	美国	16.05	45.05
2	巴西	10.41	29.22
3	印度	3.87	10.86
4	澳大利亚	2.25	6.31
5	苏丹	0.44	1.23
6	贝宁	0.44	1.23
7	布基纳法索	0.43	1.21
8	马里	0.32	0.90
9	乌兹别克斯坦	0.16	0.45
10	科特迪瓦	0.16	0.45
11	其他	1.10	3.09
合计		35.63	100.00

数据来源:UN Comtrade 数据库。

五 小结

近年来,以咖啡、花生、芝麻和棉花为代表的非洲大宗农产品产量增势稳定且优势明显。其中,咖啡、棉花基本上销往海外市场,而花生的出口量占产量的比例较低,主要用于内销。具体来看,咖啡生豆多流向美国、德国和意大利等地,而咖啡熟豆主要流向欧美及少数非洲国家,芝麻、棉花大部分流向亚洲地区,花生出口目的国则主要集中于中国与非洲内部。关税方面,除芝麻外,非洲咖啡、花生、棉花进入中国市场仍然面临较高的关税,由此引发的进口成本增加,在一定程度上挤压了非洲大宗农产品的输华空间。此外,受非洲工业基础薄弱、加工能力落后、未形成标准化生产体系、物流仓储条件简陋、质优价廉却缺乏口碑效应等多重因素影响,即使面对中国咖啡、花生、芝麻和棉花消费市场规模及进口需求不断扩大的红利之势，中国与非洲国家咖啡、花生、棉花等大宗农产品贸易规模依旧较小且进口来源国较为单一。因此，中非双方本就匹配的大宗农产品供需关系若能得到更有效的对接，中非大宗农产品贸易将更具增长潜力。

第六章

中国"间接"进口非洲农产品的现状特征与潜力

一 腰果

(一) 生产情况

非洲是世界上腰果的主产地,占世界腰果总产量的比重超过50%。FAO 数据库显示,2018～2020 年非洲腰果产量分别为232.19 万吨、213.85 万吨和244.03 万吨,占世界腰果产量的比重依次为57.72%、56.68% 和58.37%,详见表6-1。从生产国别来看,非洲腰果生产呈现较高的集中性特征。以 2020 年为例,非洲前十大腰果生产国的产量占非洲生产总量的比重高达97.43%。其中,科特迪瓦作为非洲最大的腰果生产国,2018～2020 年的产量分别为76.13 万吨、63.46 万吨和84.87 万吨,占非洲腰果产量的比重分别为32.79%、29.68% 和34.78%。此外,布隆迪、坦桑尼亚、贝宁和马里等国也是非洲腰果的主产国,详见表6-2。

表6-1 2018～2020 年非洲和世界未去壳腰果产量情况

单位: 万吨; %

	2018 年	2019 年	2020 年
非洲产量	232.19	213.85	244.03
世界产量	402.26	377.31	418.10
占比	57.72	56.68	58.37

数据来源:FAO 数据库。

表 6 - 2　2018～2020 年非洲未去壳腰果主产国生产情况

单位：万吨；%

国家	2018 年		2019 年		2020 年	
	产量	占比	产量	占比	产量	占比
科特迪瓦	76.13	32.79	63.46	29.68	84.87	34.78
布隆迪	26.64	11.47	28.33	13.25	30.09	12.33
坦桑尼亚	31.38	13.51	22.51	10.53	23.27	9.54
贝宁	11.56	4.98	13.03	6.09	19.00	7.79
马里	16.76	7.22	16.76	7.84	17.32	7.10
布基纳法索	13.50	5.81	14.22	6.65	16.21	6.64
几内亚比绍	16.17	6.96	15.92	7.44	16.06	6.58
莫桑比克	13.00	5.60	14.00	6.55	12.82	5.25
尼日利亚	10.00	4.31	10.00	4.68	9.88	4.05
加纳	10.25	4.41	8.60	4.02	8.24	3.38
其他	6.80	2.93	7.02	3.28	6.27	2.57
合计	232.19	100.00	213.85	100.00	244.03	100.00

数据来源：FAO 数据库。

（二）出口情况

本小节根据《条例》分析非洲鲜或干的未去壳腰果（HS080131，以下简称"未去壳腰果"）和鲜或干的去壳腰果（HS080132，以下简称"去壳腰果"）的出口情况。根据 UN Comtrade 数据库，非洲是全球未去壳腰果的主要出口地，2018～2020 年其出口额占世界出口总额的九成以上。然而，受限于加工能力，非洲去壳腰果的出口规模较小，占世界出口量的比例不足 5%。2018～2020 年非洲与世界腰果出口情况详见表 6 - 3。

表 6 - 3　2018～2020 年非洲与世界腰果出口情况

单位：亿美元；%

	未去壳腰果			去壳腰果		
	2018 年	2019 年	2020 年	2018 年	2019 年	2020 年
非洲出口额	23.85	18.01	20.00	1.59	2.19	1.63

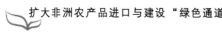

续表

	未去壳腰果			去壳腰果		
	2018 年	2019 年	2020 年	2018 年	2019 年	2020 年
世界出口额	25.44	19.88	21.88	49.31	46.63	42.94
占比	93.75	90.59	91.41	3.22	4.70	3.80

数据来源：UN Comtrade 数据库。

从出口国分布来看，非洲腰果出口国呈现高度集中的特征。无论是去壳腰果还是未去壳腰果的出口前十大非洲国家，其出口额均占非洲出口总额的九成以上。值得注意的是，科特迪瓦不仅是非洲第一大腰果生产国，也是非洲第一大腰果出口国。2020 年科特迪瓦未去壳腰果出口额为 8.49 亿美元，占非洲未去壳腰果出口总额的 42.45%；去壳腰果出口额为 0.64 亿美元，占非洲去壳腰果出口总额的 39.26%。2018～2020 年非洲腰果出口前十大国出口情况详见表 6-4。

表 6-4 2018～2020 年非洲腰果出口前十大国出口情况

单位：亿美元；%

HS 编码 - 品名	国家	2018 年		2019 年		2020 年	
		出口额	占比	出口额	占比	出口额	占比
080131 - 未去壳腰果	科特迪瓦	10.55	44.23	7.31	40.59	8.49	42.45
	坦桑尼亚	1.07	4.49	3.49	19.38	3.56	17.80
	加纳	4.56	19.12	2.22	12.33	3.41	17.05
	几内亚比绍	1.68	7.04	1.23	6.83	1.29	6.45
	尼日利亚	1.62	6.79	0.73	4.05	0.90	4.50
	贝宁	1.29	5.41	0.70	3.89	0.56	2.80
	布基纳法索	1.98	8.30	0.81	4.50	0.53	2.65
	莫桑比克	0.15	0.63	0.30	1.67	0.45	2.25
	塞内加尔	0.33	1.38	0.60	3.33	0.39	1.95
	几内亚	0.41	1.72	0.45	2.50	0.36	1.80
	合计	23.64	99.12	17.84	99.06	19.94	99.70

续表

HS 编码 – 品名	国家	2018 年		2019 年		2020 年	
		出口额	占比	出口额	占比	出口额	占比
080132 – 去壳腰果	科特迪瓦	0.96	60.38	0.66	30.14	0.64	39.26
	莫桑比克	0.02	1.26	0.57	26.03	0.29	17.79
	加纳	0.02	1.26	0.21	9.59	0.20	12.27
	尼日利亚	0.17	10.69	0.37	16.89	0.17	10.43
	布基纳法索	0.13	8.18	0.14	6.39	0.15	9.20
	坦桑尼亚	0.17	10.69	0.08	3.65	0.08	4.91
	几内亚比绍	0.00	0.00	0.05	2.28	0.04	2.45
	肯尼亚	0.01	0.63	0.01	0.46	0.02	1.23
	贝宁	0.10	6.29	0.06	2.74	0.01	0.61
	马里	0.00	0.00	0.00	0.00	0.01	0.61
	合计	1.58	99.37	2.15	98.17	1.61	98.77

数据来源：UN Comtrade 数据库。

从出口目的国来看，非洲未去壳腰果主要出口至越南和印度等东南亚和南亚国家，呈现高度的集中性特征。以科特迪瓦为例，越南是科特迪瓦未去壳腰果的最大进口国。2020 年科特迪瓦出口至越南的未去壳腰果占其腰果出口总额的 83.75%，其次是印度，约占 15.96%。与此同时，非洲去壳腰果主要流向越南、美国以及荷兰、比利时、德国等欧洲国家。例如，2020 年，科特迪瓦去壳腰果的主要出口目的国包括越南、美国、比利时和意大利等。此外，通过出口量与产量的比值可以发现，对于科特迪瓦而言，该比值虽然小于 1 但是趋近于 1，说明该国未去壳腰果基本销往海外市场，仅少部分用于国内消费；而对于坦桑尼亚而言，2019 年和 2020 年其出口量与产量比值大于 1，主要原因是在坦桑尼亚出口的未去壳腰果中，除本土生产外还包括从其他国家进口的未去壳腰果。2018～2020 年非洲腰果主要出口国的出口情况详见表 6－5。

表 6 – 5　2018～2020 年非洲腰果主要出口国的出口情况

单位：亿美元,%

HS 编码 - 品名	国家	年份	出口额	出口/生产	出口目的国（占出口国出口总额的比重）
080131 - 未去壳腰果	科特迪瓦	2018	10.55	0.86	越南（65.97）、印度（31.81）、其他（2.21）
		2019	7.31	0.96	越南（74.33）、印度（23.69）、其他（1.98）
		2020	8.49	0.81	越南（83.75）、印度（15.96）、其他（0.29）
	坦桑尼亚	2018	1.07	0.22	印度（56.10）、越南（43.56）、其他（0.35）
		2019	3.49	1.31	越南（76.99）、印度（21.18）、其他（1.83）
		2020	3.56	1.38	越南（56.94）、印度（42.46）、其他（0.60）
080132 - 去壳腰果	科特迪瓦	2018	0.96	—	越南（49.14）、美国（25.52）、荷兰（7.57）、比利时（4.49）、德国（4.41）、意大利（2.21）、其他（6.66）
		2019	0.66	—	越南（33.75）、美国（19.41）、比利时（5.71）、德国（6.73）、荷兰（5.07）、其他（29.33）
		2020	0.64	—	越南（27.74）、美国（20.44）、比利时（10.87）、意大利（9.17）、德国（9.01）、荷兰（6.70）、中国（3.03）、科威特（2.93）、加拿大（2.51）、黎巴嫩（1.27）、其他（6.32）
	莫桑比克	2018	0.02	—	美国（40.31）、越南（7.40）、南非（18.74）、其他（33.55）
		2019	0.57	—	美国（16.70）、越南（16.67）、南非（10.29）、荷兰（7.46）、土耳其（6.34）、黎巴嫩（6.23）、德国（5.45）、瑞士（5.09）、加拿大（4.49）、其他（21.28）
		2020	0.29	—	越南（29.69）、美国（20.22）、南非（15.86）、加拿大（9.26）瑞士（4.26）、荷兰（2.96）、土耳其（2.71）、德国（2.45）、黎巴嫩（1.83）、阿联酋（1.74）、其他（9.02）

数据来源：UN Comtrade 数据库。

（三）国内需求情况

随着中国消费水平不断升级，以腰果为代表的坚果类产品因含有丰富的脂肪、糖类、蛋白质、多种维生素和矿物质，备受中国消费者喜爱。艾媒咨询（iiMedia Research）公布的数据显示，自 2014 年以来，中国坚果炒货行业市场规模稳步扩大，至 2020 年，中国坚果炒货行业市场规模已达

1800 亿元,较 2010 年增长了近 2.5 倍。[①] 作为主打健康、营养的坚果,正逐步告别固化的节庆消费场景,走进消费者的日常生活。目前,坚果行业将持续保持强劲的发展势头,基于中国坚果消费远低于美、日等发达国家的现状,未来坚果行业增长潜力巨大。2010 ~ 2020 年中国坚果炒货行业规模情况详见图 6 - 1。

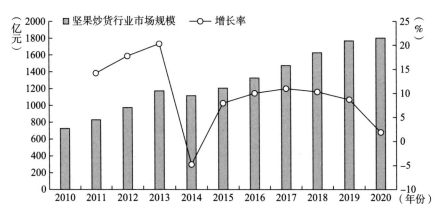

图 6 - 1 2010 ~ 2020 年中国坚果炒货行业规模情况
数据来源:艾媒咨询。

(四) 市场准入和关税政策

根据《目录》,全球范围内已有 16 个国家和地区的腰果[②]符合中国评估审查要求且与中国有传统贸易,其中非洲国家有 8 个,即贝宁、多哥、加纳、科特迪瓦、马达加斯加、马里、尼日利亚、坦桑尼亚,进口准入状态正常。关税政策方面,中国对未去壳腰果进口所征收的最惠国税率为 20%,对去壳腰果进口所征收的最惠国税率为 10%,对二者所征收的进口普通税率、暂定税率、特惠税率和协定税率相同,分别为 70%、7%、0% 和 0%。欧盟和美国对非洲腰果进口所征收的关税税率均为 0%。相较之下,中国对非洲腰果进口整体的关税水平高于欧美地区,详见表 6 - 6。

---

① 《坚果炒货行业数据分析:2020 年中国坚果炒货行业市场规模达 1800 亿元》,艾媒网,https://www.iimedia.cn/c1061/78578.html。

② 此处特指干腰果。

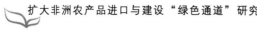

表6-6 中国、中国—东盟、欧美进口腰果的关税

单位：%

品名	中国进口关税①					美国进口关税②			欧盟进口关税③		
	最惠国税率	普通税率	暂定税率	特惠税率	中国—东盟协定税率	一般进口税率	特殊进口税率		第三国关税税率	ESA 1034	EBA 2005
							GSP	AGOA			
未去壳腰果	20	70	7	0	0	0	—	—	0	—	—
去壳腰果	10	70	7	0	0	0	—	—	0	—	—

注：①从上往下税号依次为0801310000、0801320000；②从上往下税号依次为0801310000、0801320000；③从上往下税号依次为080131、080132。

数据来源：中国海关总署、中国自由贸易区服务网、TARIC、USITC（更新于2022年8月）。

（五）国内进口情况

中国以进口去壳腰果为主。根据UN Comtrade公布的数据，2020年中国腰果进口总额达到1.67亿美元，其中去壳腰果进口额为1.51亿美元，占中国腰果进口总额的比重达90.42%。2018~2020年中国腰果进口情况详见表6-7。

表6-7 2018~2020年中国腰果进口情况

单位：亿美元；%

HS编码-品名	2018年		2019年		2020年	
	进口额	占比	进口额	占比	进口额	占比
080131-未去壳腰果	0.10	9.90	0.19	10.33	0.16	9.58
080132-去壳腰果	0.91	90.10	1.65	89.67	1.51	90.42
合计	1.01	100.00	1.84	100.00	1.67	100.00

数据来源：UN Comtrade数据库。

中国腰果进口来源国呈现高度集中的特征。在未去壳腰果进口方面，2019~2020年前五大进口来源国占中国进口总额的比重均超九成。以2020年为例，中国未去壳腰果进口前五大国家中有四个为非洲国家，分别为多哥、贝宁、坦桑尼亚和尼日利亚，占进口总额的比重为56.25%。在去壳腰果进口方面，基本来源于越南，进口总额为1.48亿美元，占中国去壳腰果进口总额的比重高达98.01%，虽然有部分去壳腰果来源于马里、科特迪瓦等非洲国家，但是体量较小。2018～2020年中国腰果进口来源地详见表6-8。

表6-8　2018～2020年中国腰果进口来源国

单位：亿美元；%

HS编码-品名	国家	2018年		2019年		2020年	
		进口额	占比	进口额	占比	进口额	占比
080131- 未去壳腰果	柬埔寨	0.01	10.00	0.13	68.42	0.07	43.75
	多哥	0.02	20.00	0.04	21.05	0.04	25.00
	贝宁	0.02	20.00	0.00	0.00	0.03	18.75
	坦桑尼亚	0.00	0.00	0.00	0.00	0.01	6.25
	尼日利亚	0.00	0.00	0.01	5.26	0.01	6.25
	其他	0.05	50.00	0.01	5.26	0.00	0.00
	合计	0.10	100.00	0.19	100.00	0.16	100.00
080132- 去壳腰果	越南	0.90	98.90	1.58	95.76	1.48	98.01
	柬埔寨	0.00	0.00	0.03	1.82	0.01	0.66
	马里	0.00	0.00	0.01	0.61	0.01	0.66
	科特迪瓦	0.00	0.00	0.00	0.00	0.01	0.66
	印度尼西亚	0.01	1.10	0.03	1.82	0.00	0.00
	其他	0.00	0.00	0.00	0.00	0.00	0.00
	合计	0.91	100.00	1.65	100.00	1.51	100.00

数据来源：UN Comtrade 数据库。

（六）"借道"贸易情况

结合上述分析可知，非洲未去壳腰果大量流入东南亚和南亚地区，如越南、新加坡和印度等。中国虽然从非洲进口未去壳腰果占比较少，但更多是从东南亚和南亚地区进口去壳腰果，由此可以发现非洲腰果存在"借道"出口至中国的特征。以非洲未去壳腰果前两大出口国科特迪瓦和坦桑尼亚为例，2020年这两个国家分别向非腰果主产国的越南出口未去壳腰果5.05亿美元和1.40亿美元；而越南再向中国出口去壳腰果，贸易额达3.61亿美元。同时，根据UN Comtrade公布的贸易额和贸易量对"借道"加工前后的腰果平均单价进行估计，发现经越南"借道"加工后的去壳腰果的平均单价远远高于未去壳腰果，相关信息详见表6-9。

表6-9　2018~2020年非洲腰果"借道"加工贸易情况

单位：亿美元；美元/千克

指标	出口国	HS 编码－品名	2018 年	2019 年	2020 年	中转国	HS 编码－品名	2018 年	2019 年	2020 年
贸易额	科特迪瓦	080131－未去壳腰果	6.71	5.68	5.05	越南	080132－去壳腰果	4.11	4.75	3.61
	坦桑尼亚		2.83	1.97	1.40					
平均单价	科特迪瓦		11.08	1.17	1.04			12.27	7.31	5.98
	坦桑尼亚		11.08	1.43	1.44					

注：为保证数据的可比性，本部分贸易数据的查询均选择越南作为报告国。

数据来源：UN Comtrade 数据库。

基于流通视角，本部分运用 ArcGIS 软件对全球腰果的贸易流向进行可视化分析。如图6-2所示，非洲腰果主要生产国和出口国科特迪瓦、坦桑尼亚等将未去壳腰果出口至越南，经加工成去壳腰果后流向中国，由此也进一步直观显示非洲腰果"借道"出口至中国这一事实。

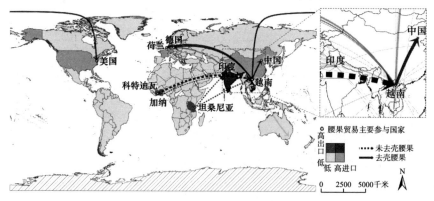

图6-2　2020年全球腰果贸易图

注：图中仅展示腰果贸易额的前5%；腰果按加工程度分为未去壳腰果（HS080131）和去壳腰果（HS080132）。该图基于自然资源部地图技术审查中心标准地图〔审图号为 GS（2020）4395 号〕制作，底图无修改。

数据来源：UN Comtrade 数据库。

二 可可

(一) 生产情况

非洲是世界上可可豆的主产区,占全球可可豆产量的六成以上。根据
FAO 数据库公布的数据,2018～2020 年非洲可可豆产量分别为 393.76 万
吨、379.43 万吨和 378.34 万吨,占全球可可豆产量的比重依次为 68.40%、
67.57% 和 68.59%,详见表 6-10。从生产国别来看,科特迪瓦是非洲可可
豆产量最大的国家,2020 年其产量为 211.32 万吨,占非洲可可豆产量的一
半以上。2018～2020 年非洲可可豆主产国生产情况详见表 6-11。

表 6-10 2018～2020 年非洲和世界可可豆产量情况

单位:万吨;%

	2018 年	2019 年	2020 年
非洲产量	393.76	379.43	378.34
世界产量	575.70	561.52	551.59
占比	68.40	67.57	68.59

数据来源:FAO 数据库。

表 6-11 2018～2020 年非洲可可豆主产国生产情况

单位:万吨;%

国家	2018 年		2019 年		2020 年	
	产量	占比	产量	占比	产量	占比
科特迪瓦	220.00	55.87	223.50	58.90	211.32	55.85
加纳	80.00	20.32	81.17	21.39	90.47	23.91
尼日利亚	34.02	8.64	34.84	9.18	34.00	8.99
喀麦隆	29.00	7.36	28.00	7.38	24.99	6.61
塞拉利昂	19.32	4.91	1.46	0.38	5.02	1.33
其他	11.42	2.90	10.46	2.76	12.54	3.31
合计	393.76	100.00	379.43	100.00	378.34	100.00

数据来源:FAO 数据库。

（二）出口情况

根据《条例》，本部分对 HS18 项下可可豆及可可制成品的出口情况进行分析。非洲作为全球可可豆的第一大产区，受到加工能力等方面的限制，以出口原材料可可豆为主，可可的半制成品和制成品的出口规模较小。2018～2020 年非洲可可豆出口额分别为 65.81 亿美元、66.55 亿美元和 64.02 亿美元，占非洲可可豆及其制成品出口总额的比重分别高达 71.82%、70.66% 和 68.65%。基于此，在本部分的后续分析中将重点以可可豆为例对非洲可可出口情况进行分析。2018～2020 年非洲可可豆及其制成品出口情况详见表 6 - 12。

表 6 - 12　2018～2020 年非洲可可豆及其制成品出口情况

单位：亿美元；%

HS 编码 - 品名	2018 年		2019 年		2020 年	
	出口额	占比	出口额	占比	出口额	占比
180100 - 生或焙炒的整颗或破碎的可可豆	65.81	71.82	66.55	70.66	64.02	68.65
180310 - 未脱脂可可膏	6.98	7.62	8.80	9.34	11.21	12.02
180400 - 可可脂/可可油	7.87	8.59	8.58	9.11	8.75	9.38
180200 - 可可荚、壳、皮及废料	1.65	1.80	1.87	1.99	2.03	2.18
180500 - 未加糖或其他甜物质的可可粉	1.42	1.55	1.32	1.40	1.71	1.83
180620 - 每件净重超过 2 千克的含可可食品	1.41	1.54	1.32	1.40	1.55	1.66
180632 - 其他不夹心块状或条状含可可食品	0.88	0.96	1.43	1.52	1.16	1.24
180320 - 全脱脂或部分脱脂的可可膏	3.42	3.73	2.20	2.34	1.01	1.08
180690 - 其他巧克力及含可可的食品	1.13	1.23	1.08	1.15	0.85	0.91
180631 - 其他夹心块状或条状的含可可食品	0.84	0.92	0.82	0.87	0.67	0.72
180610 - 含糖或其他甜物质的可可粉	0.22	0.24	0.21	0.22	0.30	0.32
合计	91.63	100.00	94.18	100.00	93.26	100.00

数据来源：UN Comtrade 数据库。

非洲是世界上最大的可可豆出口地区，占世界可可豆出口的比重约七成。从出口国别来看，非洲可可豆出口国别呈现高度集中的特征，2020 年前五大出口国占非洲可可豆出口总额的比重高达 95.41%。其中，科特迪瓦是非洲可可豆第一大出口国，2020 年其出口额达到 36.29 亿美元，占非洲出口总额的比重达 56.69%；此外还包括加纳、喀麦隆等，详见表 6 - 13。

表6-13 2018~2020年非洲可可豆出口国情况

单位：亿美元；%

国家	2018年		2019年		2020年	
	出口额	占比	出口额	占比	出口额	占比
科特迪瓦	32.45	49.31	35.75	53.72	36.29	56.69
加纳	24.37	37.03	18.52	27.83	14.58	22.77
喀麦隆	4.20	6.38	6.80	10.22	6.43	10.04
尼日利亚	2.56	3.89	2.49	3.74	2.79	4.36
乌干达	0.65	0.99	0.78	1.17	0.99	1.55
其他	1.58	2.40	2.21	3.32	2.94	4.59
非洲	65.81	100.00	66.55	100.00	64.02	100.00
世界	93.82	—	93.11	—	90.55	—

数据来源：UN Comtrade 数据库。

在出口目的国方面，非洲可可豆主要流向欧美和东南亚等国家或地区。以科特迪瓦为例，2020年科特迪瓦的可可豆主要出口至荷兰、比利时、美国和马来西亚等国家和地区。此外，依据出口量与产量的比值可以发现，该国可可豆大多销往海外市场，少部分用于国内消费。2018~2020年科特迪瓦可可豆出口情况详见表6-14。

表6-14 2018~2020年科特迪瓦可可豆出口情况

单位：亿美元；%

出口国	年份	出口额	出口/生产	出口目的国（占出口国出口总额的比重）
科特迪瓦	2018	32.45	0.69	荷兰（26.14）、美国（16.91）、德国（9.19）、比利时（8.12）、马来西亚（7.37）、印度尼西亚（5.15）、土耳其（4.23）、英国（3.60）、意大利（3.47）、法国（3.11）、其他（12.72）
	2019	35.75	0.73	荷兰（24.49）、美国（12.21）、比利时（11.10）、马来西亚（9.61）、德国（8.38）、印度尼西亚（4.01）、土耳其（3.79）、爱沙尼亚（3.60）、英国（3.52）、加拿大（3.43）、其他（15.86）
	2020	36.29	0.70	荷兰（20.54）、比利时（13.80）、美国（13.79）、马来西亚（9.23）、德国（9.23）、土耳其（6.47）、加拿大（4.10）、英国（3.90）、印度尼西亚（3.41）、西班牙（3.30）、其他（12.23）

数据来源：UN Comtrade 数据库。

（三）国内需求情况

可可及可可制成品是巧克力的主要原材料之一。伴随消费升级与消费理念的转变，中国巧克力市场规模逐年递增。2019年中国巧克力销售额和销售量分别为34.10亿美元和25.31万吨，同比分别增长4.76%和1.40%。但是，对比全球相关指标发现，中国巧克力市场规模占全球巧克力市场规模较小，仅在3%的水平附近波动。与此同时，从人均年消费量来看，中国人均年消费量仅为70克，而日本和韩国的人均年消费量约为2千克，欧洲人均年消费量高达7千克。综上可知，中国巧克力市场存在较大消费增长空间。2013~2019年全球和中国巧克力产品销售额与销售量详见表6-15。

表6-15　2013~2019年全球和中国巧克力产品销售额与销售量

单位：亿美元；万吨；%

年份	销售额			销售量		
	中国	全球	占比	中国	全球	占比
2013	27.87	901.10	3.09	24.89	914.60	2.72
2014	29.82	945.70	3.15	25.81	933.20	2.77
2015	31.13	1004.20	3.10	26.14	967.10	2.70
2016	31.43	1038.00	3.03	25.65	984.30	2.61
2017	31.64	1085.50	2.91	25.00	1003.60	2.49
2018	32.55	1135.90	2.87	24.96	1023.90	2.44
2019	34.10	1186.20	2.87	25.31	1042.40	2.43

数据来源：《2020年全球及中国巧克力行业销售规模与发展趋势分析，产品高端化已成为大众趋势》，华经情报网，https://www.huaon.com/channel/trend/602804.html。

（四）市场准入和关税政策

根据《目录》，全球范围内已有14个国家和地区的可可豆符合中国评估审查要求且与中国有传统贸易，其中非洲国家有8个，即多哥、加纳、喀麦隆、科特迪瓦、尼日利亚、塞拉利昂、坦桑尼亚、乌干达，进口准入状态正常。关税方面，相较欧盟和美国的进口关税，中国进口可可豆及相关制成品的关税普通税率普遍高于美国的一般进口税率以及欧盟进口的第三国关税税率。以可可豆为例，中国对可可豆进口征收的最惠国税率、普通税率、暂定税率和特惠税率分别为8%、30%、0%①和0%，而欧美进口的关税税率均为0%。此外，在中国—东盟自贸协定下，可可豆及可可制成品的协定税率均为0%，详见表6－16。

表6－16　中国、中国—东盟、欧美进口可可豆及其制成品的关税

单位：%

品名	中国进口关税①					美国进口关税②			欧盟进口关税③		
	最惠国税率	普通税率	暂定税率	特惠税率	中国—东盟协定税率	一般进口税率	特殊进口税率		第三国关税税率	ESA 1034	EBA 2005
							GSP	AGOA			
生或焙炒的整颗或破碎的可可豆	8	30	0	0	0	0	—	—	0	0	0
可可荚、壳、皮及废料	10	30	—	0	0	0	—	—	0	0	0
未脱脂可可膏	10	30	—	0	0	0	—	—	9.6	0	0
全脱脂或部分脱脂的可可膏	10	30	—	0	0	0.2¢/kg	0	0	9.6	0	0
可可脂/可可油	22	70	—	0	0	0	—	—	7.7	0	0
未加糖或其他甜物质的可可粉	15	40	—	0	0	0.52¢/kg	0	0	8	0	0
含糖或其他甜物质的可可粉	10	50	—	0	0	0	—	—	8	0	0
每件净重超过2千克的含可可食品	10	50	—	0	0	0	—	—	8.30% + EA (1) MAX 18.70% + ADSZ (1)	0	0
其他夹心块状或条状的含可可食品	8	50	—	0	0	5.6	0	0	8.30% + EA (1) MAX 18.70% + ADSZ (1)	0	0

① 《2022年1月1日起我国调整部分商品进出口关税》，新华网，http：//www.news.cn/2021－12/15/c_1128166901.htm。

续表

品名	中国进口关税①					美国进口关税②			欧盟进口关税③		
	最惠国税率	普通税率	暂定税率	特惠税率	中国—东盟协定税率	一般进口税率	特殊进口税率		第三国关税税率	ESA 1034	EBA 2005
							GSP	AGOA			
其他不夹心块状或条状含可可食品	10	50	—	0	0	5	0	0	8.30% + EA (1) MAX 18.70% + ADSZ (1)	0	0
其他巧克力及含可可的食品	8	50	—	0	0	3.5	0	0	8.30% + EA (1) MAX 18.70% + ADSZ (1)	0	0

注：①从上往下税号依次为：1801000000、1802000000、1803100000、1803200000、1804000010/1804000090、1805000000、1806100000、1806200000、1806310000、1806320000、1806900000；②从上往下税号依次为：1801000000、1802000000、1803100000、1803200000、1804000000、1805000000、18061005000、18062020、18063100、1806320100、1806900100；③从上往下税号依次为：1801、1802、180310、180320、1804、1805、18061015、1806201020、180631、18063210、18069011。

数据来源：中国海关总署、中国自由贸易区服务网、TARIC、USITC（更新于2022年8月）。

（五）国内进口情况

中国消费者对巧克力需求的提高推动了可可豆及其制成品需求的提升，但是现阶段中国对可可豆的生产加工能力有限，需依赖外部进口。2020年中国可可豆及其制成品的进口总额达到7.75亿美元，其中可可制成品如其他巧克力及含可可的食品（HS180690）、其他夹心块状或条状的含可可食品（HS180631）和未加糖或其他甜物质的可可粉（HS180500）是中国进口的三大品类，2020年进口额分别为1.86亿美元、1.34亿美元和1.01亿美元，占中国可可豆及其制成品进口额的比重分别为24.00%、17.29%和13.03%。中国对可可豆等初级产品的需求较少。2018～2020年中国可可豆及其制成品进口额详见表6－17。

表6－17　2018～2020年中国可可豆及其制成品进口额

单位：亿美元；%

HS编码－品名	2018年		2019年		2020年	
	进口额	占比	进口额	占比	进口额	占比
180690－其他巧克力及含可可的食品	2.01	25.64	2.07	25.52	1.86	24.00

续表

HS 编码 - 品名	2018 年		2019 年		2020 年	
	进口额	占比	进口额	占比	进口额	占比
180631 - 其他夹心块状或条状的含可可食品	1.14	14.54	1.29	15.91	1.34	17.29
180500 - 未加糖或其他甜物质的可可粉	1.02	13.01	0.93	11.47	1.01	13.03
180400 - 可可脂/可可油	0.80	10.20	0.87	10.73	0.76	9.81
180620 - 每件净重超过 2 千克的含可可食品	0.62	7.91	0.64	7.89	0.76	9.81
180310 - 未脱脂可可膏	0.73	9.31	0.73	9.00	0.68	8.77
180632 - 其他不夹心块状或条状含可可食品	0.63	8.04	0.70	8.63	0.67	8.65
180100 - 生或焙炒的整颗或破碎的可可豆	0.74	9.44	0.73	9.00	0.53	6.84
180610 - 含糖或其他甜物质的可可粉	0.08	1.02	0.13	1.60	0.11	1.42
180320 - 全脱脂或部分脱脂的可可膏	0.07	0.89	0.02	0.25	0.02	0.26
180200 - 可可荚、壳、皮及废料	0.00	0.00	0.00	0.00	0.01	0.13
合计	7.84	100.00	8.11	100.00	7.75	100.00

数据来源：UN Comtrade 数据库。

本部分以巧克力为例探讨中国可可产品进口来源国情况。如表 6 - 18 所示，2018 ~ 2020 年中国巧克力的进口来源国主要为欧洲国家，如意大利和比利时，其次是美国、马来西亚和荷兰等国家。

表 6 - 18　2018 ~ 2020 年中国巧克力进口来源国

单位：亿美元；%

国家	2018 年		2019 年		2020 年	
	进口额	占比	进口额	占比	进口额	占比
意大利	0.77	38.31	0.78	37.68	0.69	37.10
比利时	0.16	7.96	0.14	6.76	0.13	6.99
美国	0.11	5.47	0.12	5.80	0.09	4.84
马来西亚	0.28	13.93	0.30	14.49	0.17	9.14
荷兰	0.18	8.96	0.21	10.14	0.14	7.53
日本	0.04	1.99	0.06	2.90	0.09	4.84
德国	0.10	4.98	0.11	5.31	0.09	4.84
澳大利亚	0.04	1.99	0.04	1.93	0.07	3.76

国家	2018 年		2019 年		2020 年	
	进口额	占比	进口额	占比	进口额	占比
法国	0.05	2.49	0.06	2.90	0.06	3.23
新加坡	0.03	1.49	0.03	1.45	0.02	1.08
其他	0.25	12.44	0.22	10.63	0.31	16.67
合计	2.01	100.00	2.07	100.00	1.86	100.00

数据来源：UN Comtrade 数据库。

（六）"借道"贸易情况

结合上述分析发现非洲可可存在"借道"出口至中国的情况。2020年科特迪瓦向非可可豆主产国马来西亚出口可可豆 3.49 亿美元，马来西亚再向中国出口巧克力及含可可的食品 0.16 亿美元。此外，经过加工后的巧克力及含可可的食品的平均单价远远高于可可豆，即经马来西亚"借道"加工的可可豆实现了增值，详见表 6 - 19。

表 6 - 19   2018 ~ 2020 年非洲可可"借道"加工贸易情况

单位：亿美元；美元/千克

指标	出口国	HS 编码 - 品名	2018 年	2019 年	2020 年	中转国	HS 编码 - 品名	2018 年	2019 年	2020 年
贸易额	科特迪瓦	180100 - 生或焙炒的整颗或破碎的可可豆	1.94	2.85	3.49	马来西亚	180690 - 其他巧克力及含可可的食品	0.27	0.28	0.16
平均单价			2.23	1.58	1.41			35.37	33.91	54.74

注：为保证数据的可比性，本部分贸易数据的查询均选择马来西亚作为报告国。

数据来源：UN Comtrade 数据库。

图 6 - 3 展示了全球可可的贸易流向。科特迪瓦和加纳是全球可可的主要出口国，其可可豆主要流向马来西亚等东南亚国家，在经初加工和深加工后以不同类型的可可制品出口至中国。由此可见，非洲可可"借道"出口至中国。

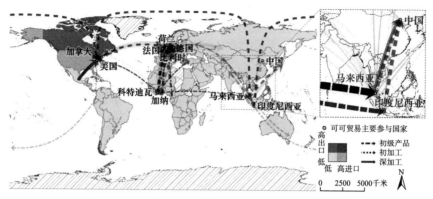

图 6 - 3　2020 年全球可可贸易图

注：左图仅展示可可贸易额的前 1%，右图选取前 5%；可可按加工程度分为初级产品（HS1801）、初加工（HS1802～HS1805）、深加工（HS1806）。该图基于自然资源部地图技术审查中心标准地图〔审图号为 GS（2020）4395 号〕制作，底图无修改。

数据来源：UN Comtrade 数据库。

三　橡胶

（一）生产情况

非洲天然橡胶自 20 世纪 40 年代开始规模种植。在国家政策的大力支持下，非洲天然橡胶产业呈现高速发展的态势。据 FAO 数据库，2020 年非洲天然橡胶产量为 130.18 万吨，相较 2018 年的 97.26 万吨，增长幅度高达 33.85%，占全球天然橡胶产量的比重由 2018 年的 6.59% 提升至 2020 年的 8.77%，详见表 6 - 20。从生产国别来看，非洲天然橡胶产区呈现高度集中的特征。其中，科特迪瓦作为非洲最大的天然橡胶生产国，2020 年天然橡胶产量为 93.61 万吨，相较 2018 年的 62.41 万吨，增长幅度达 49.99%，占非洲天然橡胶产量的比重为 71.91%。除科特迪瓦之外，尼日利亚、利比里亚、加纳、喀麦隆和加蓬也是非洲天然橡胶生产大国。2018～2020 年非洲天然橡胶主产国生产情况详见表 6 - 21。

（二）出口情况

根据《条例》，第 40 章为橡胶及其制品，其中 4001 项为天然橡胶，具体包括五类，即天然胶乳（HS400110）、天然橡胶烟胶片（HS400121）、技术分

表 6 – 20　2018～2020 年非洲和世界天然橡胶产量情况

单位：万吨；%

天然橡胶	2018 年	2019 年	2020 年
非洲产量	97.26	110.51	130.18
世界产量	1476.79	1496.42	1484.49
占比	6.59	7.38	8.77

数据来源：FAO 数据库。

表 6 – 21　2018～2020 年非洲天然橡胶主产国生产情况

单位：万吨；%

国家	2018 年		2019 年		2020 年	
	产量	占比	产量	占比	产量	占比
科特迪瓦	62.41	64.17	78.01	70.59	93.61	71.91
尼日利亚	14.78	15.20	14.81	13.40	14.84	11.40
利比里亚	5.50	5.65	4.22	3.82	6.49	4.99
加纳	4.13	4.25	3.47	3.14	5.04	3.87
喀麦隆	4.82	4.96	4.77	4.32	4.71	3.62
其他	5.62	5.78	5.23	4.73	5.49	4.22
合计	97.26	100.00	110.51	100.00	130.18	100.00

数据来源：FAO 数据库。

类天然橡胶（TSNR）（HS400122）、其他初级形状的天然橡胶（HS400129）和巴拉塔胶等及类似的天然树胶（HS400130）。2020 年非洲天然橡胶出口额为 13.95 亿美元，相较于 2018 年的 10.96 亿美元，增长幅度为 27.28%。2018～2020 年非洲天然橡胶出口额占世界天然橡胶出口额的比重呈现逐年增长的态势，由 2018 年的 8.27% 增长至 2020 年的 12.50%。2018～2020 年非洲与世界天然橡胶出口情况详见表 6 – 22。

表 6 – 22　2018～2020 年非洲与世界天然橡胶出口情况

单位：亿美元；%

天然橡胶	2018 年	2019 年	2020 年
非洲出口额	10.96	12.54	13.95
世界出口额	132.47	125.59	111.64

续表

	2018 年	2019 年	2020 年
占比	8.27	9.98	12.50

数据来源：UN Comtrade 数据库。

从出口产品类别来看，技术分类天然橡胶、天然胶乳和其他初级形状的天然橡胶是非洲天然橡胶出口的三大品类，其中以技术分类天然橡胶尤为突出，2018~2020 年出口额分别为 9.30 亿美元、10.34 亿美元和 10.56 亿美元，占非洲天然橡胶出口总额的比重分别为 84.85%、82.46% 和 75.70%。基于此，本部分将重点分析非洲技术分类天然橡胶、天然胶乳和其他初级形状的天然橡胶的出口情况。2018~2020 年非洲天然橡胶出口类别详见表 6-23。

表 6-23　2018~2020 年非洲天然橡胶出口类别

单位：亿美元；%

HS 编码 - 品名	2018 年		2019 年		2020 年	
	出口额	占比	出口额	占比	出口额	占比
400122 - 技术分类天然橡胶	9.30	84.85	10.34	82.46	10.56	75.70
400110 - 天然胶乳	1.02	9.31	1.24	9.89	1.62	11.61
400129 - 其他初级形状的天然橡胶	0.52	4.74	0.77	6.14	1.58	11.33
400121 - 天然橡胶烟胶片	0.11	1.00	0.08	0.64	0.12	0.86
400130 - 巴拉塔胶等及类似的天然树胶	0.01	0.09	0.11	0.88	0.07	0.50
合计	10.96	100.00	12.54	100.00	13.95	100.00

数据来源：UN Comtrade 数据库。

技术分类天然橡胶是非洲天然橡胶出口额最大的品类。2020 年非洲技术分类天然橡胶出口额为 10.56 亿美元，相较于 2018 年的 9.30 亿美元，增长幅度为 13.55%，占世界技术分类天然橡胶出口额的比重由 2018 年的 9.84% 提升至 2020 年的 14.13%。以非洲技术分类天然橡胶第一大出口国科特迪瓦为例，2020 年该国技术分类天然橡胶出口额达 7.72 亿美元，占非洲技术分类天然橡胶出口额的比重为 73.11%，其次是利比里亚、加纳、加蓬和喀麦隆等。从出口目的国来看，非洲技术分类天然橡胶出口目的地较为分散。2018 年科特迪瓦技术分类天然橡胶出口市场包括美国、马来西亚、德国等。而在 2019 年之后,中国成为科特迪瓦技术分类天然橡胶第一大进口国,且所占份额由 2019 年的 18.34% 提升至 2020 年的 27.45%。此外,依据出口量与产量的比值可以发现,科特迪瓦技术分类天然橡胶该比值基本维持在 0.7~0.8,说明该类产品大多出口至海外市场。

天然胶乳是非洲天然橡胶出口额第二大品类。2020 年非洲天然胶乳出口额为 1.62 亿美元,相较于 2018 年的 1.02 亿美元,增长幅度达 58.82%。在出口国别方面,科特迪瓦为非洲天然胶乳最大的出口国,2020 年出口额高达 1.48 亿美元,占非洲天然胶乳出口额的比重为 91.36%。在出口市场方面,非洲天然胶乳大部分流向马来西亚、新加坡、印度尼西亚和越南等东南亚国家或地区。例如,马来西亚是科特迪瓦天然胶乳出口的主要市场,2018~2020 年科特迪瓦出口至马来西亚的天然胶乳占当年科特迪瓦天然胶乳出口总额的比重依次为 96.48%、99.46%、95.93%。此外,依据出口量与产量的比值可以发现,该类产品主要用于国内消费,少部分用于出口。

作为非洲天然橡胶出口额第三大品类,2020 年非洲其他初级形状的天然橡胶出口额为 1.58 亿美元,相较于 2018 年的 0.52 亿美元,增长幅度为 203.85%。科特迪瓦是非洲其他初级形状的天然橡胶第一大出口国,2020 年出口额达到 1.19 亿美元,占非洲出口总额的比重为 75.32%,其次是加纳、利比里亚、几内亚和马拉维等。在出口市场方面,科特迪瓦的其他初级形状的天然橡胶主要流向马来西亚、新加坡、越南等地,直接流向中国的额度较低。此外,依据出口量与产量的比值可以发现,该类产品基本用于国内消费。2018~2020 年非洲主要天然橡胶出口情况详见表 6-24。

(三) 国内需求情况

天然橡胶是中国的重要战略资源和基础工业原料。随着中国经济增长,天然橡胶市场需求持续释放,中国已成为全球最大的天然橡胶消费国。但是,中国天然橡胶自给严重不足,进口依存度居高不下。据产业信息网公布的数据,2015~2020 年中国天然橡胶的供需缺口虽然有所缩小,但在 2021 年迅速扩大,达到 594.90 万吨。2015~2021 年中国天然橡胶产量和需求量详见图 6-4。

表 6 – 24　2018～2020 年非洲主要天然橡胶出口情况

单位：亿美元；%

HS 编码 – 品名	国家/地区	年份	出口额	出口/生产	出口目的国/地区（占出口国出口总额的比重）
400122 – 技术分类天然橡胶	科特迪瓦	2018	6.57	0.82	美国（11.89）、马来西亚（11.80）、德国（9.38）、西班牙（8.79）、比利时（8.66）、中国（7.99）、印度（7.02）、波兰（6.56）、法国（4.32）、巴西（3.48）、其他（20.11）
		2019	7.40	0.77	中国（18.34）、马来西亚（14.74）、美国（9.50）、德国（8.00）、西班牙（7.66）、比利时（7.11）、波兰（6.03）、印度（4.52）、法国（3.70）、巴西（3.34）、其他（17.06）
		2020	7.72	0.70	中国（27.45）、美国（10.05）、德国（8.40）、马来西亚（7.57）、印度（6.84）、比利时（6.47）、西班牙（6.21）、波兰（5.36）、土耳其（3.16）、意大利（2.73）、其他（15.76）
400110 – 天然胶乳	科特迪瓦	2018	0.72	0.21	马来西亚（96.48）、新加坡（2.86）、其他（0.66）
		2019	1.11	0.24	马来西亚（99.46）、越南（0.49）、其他（0.05）
		2020	1.48	0.27	马来西亚（95.93）、印度尼西亚（2.64）、越南（0.90）、其他（0.53）
400129 – 其他初级形状的天然橡胶	科特迪瓦	2018	0.25	0.07	马来西亚（80.04）、新加坡（19.67）、中国（0.20）、印度尼西亚（0.09）
		2019	0.55	0.11	马来西亚（92.75）、越南（5.87）、新加坡（1.23）、中国（0.09）、利比里亚（0.06）
		2020	1.19	0.21	马来西亚（76.89）、越南（16.15）、印度尼西亚（5.57）、加纳（0.81）、新加坡（0.25）、中国（0.22）、其他（0.10）

数据来源：UN Comtrade 数据库。

（四）市场准入和关税政策

自 2004 年开始，中国已取消对天然橡胶进口采取关税配额制。目前，中国对 4001 项下的天然胶乳进口所征收的普通税率为 40%，最惠国税率为 20%；而对天然橡胶与合成橡胶的混合物进口所征收的普通税率为 35%，最惠国税率为 7.5%。对比欧美市场的进口关税可以发现，无论是欧盟还是美国，对天然橡胶以及橡胶的混合物所征收的关税税率均为 0%，相比之下中国天然橡胶进口关税偏高。此外，巴拉塔胶等及类似的天然树胶和天然

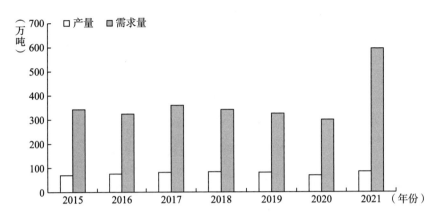

图 6 - 4 2015～2021 年中国天然橡胶产量和需求量

数据来源：《2021 年全球及中国天然橡胶产量、消费量及价格走势分析》，产业信息网，https：//www.chyxx.com/industry/1108214.html。

橡胶与合成橡胶的混合物的特惠税率和中国—东盟协定税率均为 0%，详见表 6 -25。

表 6 - 25 中国、中国—东盟、欧美进口天然橡胶与合成橡胶混合物的关税

单位：%

品名	中国进口关税①					美国进口关税②			欧盟进口关税③		
	最惠国税率	普通税率	暂定税率	特惠税率	中国—东盟协定税率	一般进口税率	特殊进口税率		第三国关税税率	ESA 1034	EBA 2005
							GSP	AGOA			
天然胶乳	20	40	—	—	—	0	—	—	0	0	0
天然橡胶烟胶片	20	40	—	—	—	0	—	—	0	0	0
技术分类天然橡胶	20	40	—	—	—	0	—	—	0	0	0
其他初级形状的天然橡胶	20	40	—	—	—	0	—	—	0	0	0
巴拉塔胶等及类似的天然树胶	20	40	—	0	0	0	—	—	0	0	0

品名	中国进口关税①					美国进口关税②			欧盟进口关税③		
	最惠国税率	普通税率	暂定税率	特惠税率	中国—东盟协定税率	一般进口税率	特殊进口税率		第三国关税税率	ESA 1034	EBA 2005
							GSP	AGOA			
天然橡胶与合成橡胶的混合物	7.5	35	—	0	0	0	—	—	0	0	0

注：①从上往下税号依次为 4001100000、4001210000、4001220000、4001290000、4001300000、4002800000；②从上往下税号依次为 4001100000、40012100、40012200、4001290000、40013000、40028000；③从上往下税号依次为 400110、400121、400122、400129、400130、400280。

数据来源：中国海关总署、中国自由贸易区服务网、TARIC、USITC（更新于 2022 年 8 月）。

（五）国内进口情况

根据 UN Comtrade 数据库，2018～2020 年中国 4001 项下的天然橡胶进口总额分别为 36.07 亿美元、33.69 亿美元和 30.77 亿美元，其中技术分类天然橡胶进口额占天然橡胶进口总额的比重分别为 64.04%、64.95% 和 59.41%，为中国天然橡胶进口的主要品类。天然橡胶与合成橡胶的混合物是中国进口额最大的橡胶产品，2020 年进口额达到 47.80 亿美元，相较于 2018 年的 42.48 亿美元，增长幅度达到 12.52%。2018～2020 年中国天然橡胶及其与合成橡胶的混合物进口情况详见表 6 - 26。

表 6 - 26　2018～2020 年中国天然橡胶及其与合成橡胶的混合物进口情况

单位：亿美元；%

HS 编码 - 品名	2018 年		2019 年		2020 年	
	进口额	占比	进口额	占比	进口额	占比
400122 - 技术分类天然橡胶	23.10	64.04	21.88	64.95	18.28	59.41
400110 - 天然胶乳	6.45	17.88	5.80	17.22	6.34	20.60
400129 - 其他初级形状的天然橡胶	2.54	7.04	3.35	9.94	3.56	11.57
400121 - 天然橡胶烟胶片	3.98	11.03	2.66	7.90	2.59	8.42
400130 - 巴拉塔胶等及类似的天然树胶	0.00	0.00	0.00	0.00	0.00	0.00
天然橡胶合计	36.07	100.00	33.69	100.00	30.77	100.00
400280 - 天然橡胶与合成橡胶的混合物	42.48	—	37.04	—	47.80	—

数据来源：UN Comtrade 数据库。

从进口来源国来看，无论是天然橡胶还是天然橡胶与合成橡胶的混合物，中国的主要进口来源国相对集中，主要包括泰国、印度尼西亚、越南等东南亚国家，而直接从非洲进口的体量相对较小。具体而言，中国技术分类天然橡胶的前三大进口来源国分别为泰国、印度尼西亚和马来西亚，2020 年累计占比达到 80.74%；中国天然橡胶与合成橡胶的混合物的前三大进口来源国也均为东南亚国家，包括泰国、越南和马来西亚，2020 年累计占比达到 92.90%。2018~2020 年中国技术分类天然橡胶和天然橡胶与合成橡胶的混合物进口来源国详见表 6 – 27。

表 6 – 27　2018~2020 年中国技术分类天然橡胶和天然橡胶与合成橡胶的混合物进口来源国

单位：亿美元；%

HS 编码 – 品名	国家	2018 年		2019 年		2020 年	
		进口额	占比	进口额	占比	进口额	占比
400122 – 技术分类天然橡胶	泰国	12.34	53.42	10.59	48.40	7.25	39.66
	印度尼西亚	3.79	16.41	3.12	14.26	3.76	20.57
	马来西亚	4.39	19.00	4.56	20.84	3.75	20.51
	科特迪瓦	0.40	1.73	1.34	6.12	2.29	12.53
	越南	1.74	7.53	1.91	8.73	0.86	4.70
	其他	0.44	1.90	0.36	1.65	0.37	2.02
	合计	23.10	100.00	21.88	100.00	18.28	100.00
400280 – 天然橡胶与合成橡胶的混合物	泰国	22.12	52.07	18.23	49.22	22.44	46.95
	越南	11.18	26.32	11.62	31.37	15.17	31.74
	马来西亚	6.87	16.17	5.28	14.25	6.79	14.21
	印度尼西亚	1.92	4.52	0.90	2.43	2.05	4.29
	缅甸	0.15	0.35	0.76	2.05	1.13	2.36
	其他	0.24	0.56	0.25	0.67	0.22	0.46
	合计	42.48	100.00	37.04	100.00	47.80	100.00

数据来源：UN Comtrade 数据库。

（六）"借道"贸易情况

马来西亚作为东南亚橡胶主产国依旧从科特迪瓦进口天然橡胶。2020

年科特迪瓦向其天然橡胶第一大进口国马来西亚出口天然橡胶3.51亿美元，同时马来西亚向其最大的出口目的国——中国出口天然橡胶与合成橡胶的混合物6.83亿美元。结合上述分析可以发现，非洲天然橡胶大量流入东南亚国家，如马来西亚、越南等。中国虽然暂未从非洲进口天然橡胶与合成橡胶的混合物，却从马来西亚等东南亚国家大量进口，加之考虑到中国对非洲天然橡胶产品的进口关税政策，由此发现非洲天然橡胶存在"借道"出口至中国的特征。此外，根据UN Comtrade公布的贸易额和贸易量对"借道"加工前后天然橡胶及其制品的平均单价进行粗略计算，发现经过加工后的天然橡胶与合成橡胶的混合物的平均单价高于天然橡胶，即经马来西亚"借道"加工的天然橡胶实现了增值。2018～2020年非洲天然橡胶"借道"加工贸易情况详见表6-28。

表6-28　2018～2020年非洲天然橡胶"借道"加工贸易情况

单位：亿美元；美元/千克

指标	出口国	HS编码-品名	2018年	2019年	2020年	中转国	HS编码-品名	2018年	2019年	2020年
贸易额	科特迪瓦	400129-其他初级形状的天然橡胶	1.85	2.34	3.51	马来西亚	400280-天然橡胶与合成橡胶的混合物	6.82	5.53	6.83
		400122-技术分类天然橡胶	0.91	1.10	0.80					
平均单价		400129-其他初级形状的天然橡胶	0.98	0.96	0.89			1.45	1.37	1.35
		400122-技术分类天然橡胶	1.36	1.30	1.14					

注：为保证数据的可比性，本部分贸易数据的查询均选择马来西亚作为报告国。
数据来源：UN Comtrade数据库。

图6-5展现了全球橡胶贸易的主要流向。科特迪瓦作为非洲天然橡胶第一大生产国和出口国，其出口市场主要为马来西亚等东南亚国家；原产于科特迪瓦的天然橡胶在马来西亚经加工后，以天然橡胶与合成橡胶的混合物出口至中国。由此可见非洲橡胶"借道"出口至中国。

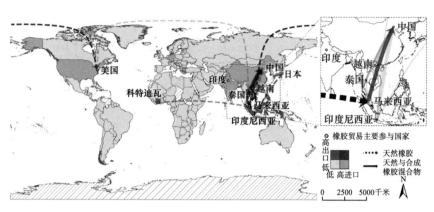

图 6 – 5　2020 年全球橡胶贸易图

注：图中仅展示橡胶贸易额的前 5%；橡胶按加工程度分为天然橡胶（HS4001）以及天然橡胶与合成橡胶的混合物（HS400280）。该图基于自然资源部地图技术审查中心标准地图〔审图号为 GS（2020）4395 号〕制作，底图无修改。

数据来源：UN Comtrade 数据库。

四　小结

本章以腰果、可可和橡胶三类产品为例，从"供给—流通—需求"三方面探究了非洲农产品"借道"出口的现状及问题。研究表明：生产方面，非洲是全球腰果、可可和橡胶的主产区，生产国别呈现高度集中的特征；出口方面，非洲腰果、可可和橡胶的主要出口市场包括欧美和东南亚等，受到非洲加工能力较弱以及中国进口关税壁垒和非关税壁垒等原因影响，直接出口至中国的体量相对较小，大多途经东盟国家（如马来西亚、越南等），在当地加工后再出口至中国。一方面，发挥了东盟国家天然的物流通道优势；另一方面，绝大部分加工后的产品以零关税出口至中国，符合《WTO 原产地规则协议》和《中国—东盟自由贸易区原产地规则》。与此同时，通过对比加工前后的农产品平均单位成本发现，加工后农产品的平均单价均显著高于加工前。此外，通过对全球腰果、可可和橡胶的贸易流向进行可视化分析，均进一步表明上述三类非洲农产品存在"借道"出口至中国这一特征。

|第七章|

"受限" 非洲农产品的供给特征与中国进口潜力

一　辣椒

（一）生产情况

非洲鲜辣椒产量持续攀升且增速显著，2020 年产量达到 399.34 万吨，较 2018 年增长约 12.05%，占全球鲜辣椒产量的比重由 2018 年的 9.98% 提升至 2020 年的 11.05%。2018～2020 年非洲干辣椒的产量基本保持在每年 98 万吨左右的水平，占全球干辣椒产量的比重略有提升，2020 年达 23.66%，详见表 7－1。

表 7－1　2018～2020 年非洲和世界辣椒产量情况

单位：万吨；%

	鲜辣椒			干辣椒		
	2018 年	2019 年	2020 年	2018 年	2019 年	2020 年
非洲产量	356.40	387.52	399.34	99.23	97.62	98.35
世界产量	3571.70	3602.64	3613.70	456.69	412.68	415.72
占比	9.98	10.76	11.05	21.73	23.66	23.66

数据来源：FAO 数据库。

非洲鲜辣椒生产国较为集中，产量排名前十的非洲国家的鲜辣椒产量占非洲鲜辣椒总产量的九成以上，且主要集中于北非和西非地区。2019 年以来，得益于现代农业技术和方法的应用加之国内对鲜辣椒需求的增加，埃及鲜辣椒产量剧增，2018~2020 年的增长率高达 44.07%，已超过尼日利亚成为非洲第一大鲜辣椒生产国，2020 年占非洲鲜辣椒产量的比重达 26.43%，详见表 7-2。

表 7-2 2018~2020 年非洲鲜辣椒主产国生产情况

单位：万吨；%

国家	2018 年		2019 年		2020 年	
	产量	占比	产量	占比	产量	占比
埃及	73.27	20.56	95.63	24.68	105.56	26.43
尼日利亚	75.81	21.27	76.01	19.61	76.22	19.09
阿尔及利亚	65.10	18.27	67.52	17.42	71.77	17.97
突尼斯	45.90	12.88	43.50	11.23	42.00	10.52
尼日尔	21.14	5.93	26.09	6.73	23.96	6.00
摩洛哥	25.65	7.20	24.76	6.39	14.39	3.60
加纳	12.07	3.39	12.02	3.10	11.94	2.99
塞拉利昂	3.20	0.90	2.02	0.52	11.15	2.79
贝宁	4.91	1.38	8.68	2.24	10.89	2.73
埃塞俄比亚	6.22	1.75	6.72	1.73	7.40	1.85
其他	23.13	6.49	24.57	6.34	24.06	6.02
合计	356.40	100.00	387.52	100.00	399.34	100.00

数据来源：FAO 数据库。

非洲干辣椒生产国的集中度也非常高。2020 年非洲干辣椒总产量约为 98.35 万吨，产量排名前十的国家占非洲干辣椒总产量的 90.01%。其中，埃塞俄比亚为非洲最大的干辣椒生产国，2020 年的产量为 29.60 万吨，占比为 30.10%，其次是科特迪瓦和贝宁。2018~2020 年非洲干辣椒主产国生产情况详见表 7-3。

表 7-3 2018~2020 年非洲干辣椒主产国生产情况

单位：万吨；%

国家	2018 年		2019 年		2020 年	
	产量	占比	产量	占比	产量	占比
埃塞俄比亚	30.75	30.99	31.31	32.07	29.60	30.10

国家	2018 年		2019 年		2020 年	
	产量	占比	产量	占比	产量	占比
科特迪瓦	13.01	13.11	12.66	12.97	12.76	12.97
贝宁	10.21	10.29	8.68	8.89	10.89	11.07
加纳	10.85	10.93	10.79	11.05	10.82	11.00
尼日利亚	6.30	6.35	6.24	6.39	6.26	6.37
埃及	5.99	6.04	6.02	6.17	6.02	6.12
喀麦隆	3.80	3.83	3.75	3.84	3.77	3.83
刚果（金）	3.66	3.69	3.68	3.77	3.69	3.75
摩洛哥	2.71	2.73	2.71	2.78	2.70	2.75
突尼斯	2.02	2.04	2.00	2.05	2.01	2.04
其他	9.93	10.01	9.78	10.02	9.83	9.99
合计	99.23	100.00	97.62	100.00	98.35	100.00

数据来源：FAO 数据库。

（二）出口情况

根据《条例》，辣椒包括鲜辣椒（HS070960）、未磨干辣椒（HS090421）和已磨干辣椒（HS090422）三类。如表 7 - 4 所示，在非洲出口的辣椒中，约 80% 为鲜辣椒，2020 年出口额达到 16174.90 万美元；2020 年未磨干辣椒出口额突破千万美元；已磨干辣椒出口额保持稳定，但占非洲辣椒出口额的比重在逐渐下降。

表 7 - 4 2018～2020 年非洲辣椒出口情况

单位：万美元；%

HS 编码 - 品名	2018 年		2019 年		2020 年	
	出口额	占比	出口额	占比	出口额	占比
070960 - 鲜辣椒	16849.00	80.42	14829.10	81.22	16174.90	78.64
090421 - 未磨干辣椒	822.40	3.93	610.00	3.34	1377.40	6.70
090422 - 已磨干辣椒	3280.30	15.66	2818.90	15.44	3016.20	14.66
合计	20951.70	100.00	18258.00	100.00	20568.50	100.00

数据来源：UN Comtrade 数据库。

从出口国别来看，非洲辣椒出口呈现较高的集中性特征，但是针对不同的辣椒品类，又存在显著的差异性。于鲜辣椒而言，2018～2020年鲜辣椒出口额排名前五的非洲国家占非洲鲜辣椒出口总额的比重超95%。其中，作为非洲著名的鲜辣椒产地，2020年仅摩洛哥一国的出口额即超过1亿美元，占非洲鲜辣椒出口额的比重接近90%；于未磨干辣椒而言，2020年南非、津巴布韦和赞比亚三国的出口额占非洲未磨干辣椒出口总额的比重接近七成；于已磨干辣椒而言，出口国主要集中于突尼斯和摩洛哥。2018～2020年非洲辣椒出口国情况详见表7-5。

表7-5　2018～2020年非洲辣椒出口国情况

单位：万美元；%

HS编码-品名	国家	2018年		2019年		2020年	
		出口额	占比	出口额	占比	出口额	占比
070960-鲜辣椒	摩洛哥	15108.20	89.67	13805.70	93.10	14347.60	88.70
	埃及	442.10	2.62	104.70	0.71	496.30	3.07
	卢旺达	3.60	0.02	20.60	0.14	335.10	2.07
	南非	280.10	1.66	327.30	2.21	266.20	1.65
	塞内加尔	209.10	1.24	220.30	1.49	242.00	1.50
090421-未磨干辣椒	南非	288.80	35.12	261.40	42.85	373.70	27.13
	津巴布韦	196.40	23.88	194.30	31.85	314.00	22.80
	赞比亚	0.00	0.00	0.00	0.00	269.60	19.57
	乌干达	24.20	2.94	7.30	1.20	96.00	6.97
	马达加斯加	67.90	8.26	58.00	9.51	81.00	5.88
	摩洛哥	170.30	20.71	0.00	0.00	58.00	4.21
090422-已磨干辣椒	突尼斯	2655.30	80.95	2180.60	77.36	2245.40	74.44
	摩洛哥	302.80	9.23	360.70	12.80	457.60	15.17
	埃及	0.40	0.01	4.20	0.15	152.60	5.06
	南非	189.20	5.77	192.30	6.82	98.30	3.26

数据来源：UN Comtrade 数据库。

非洲辣椒基本流向欧洲国家。考虑到非洲辣椒出口以鲜辣椒为主，同时摩洛哥是非洲最大的鲜辣椒出口国,因此本部分以摩洛哥鲜辣椒出口为例来探讨非洲辣椒的出口流向。如表7-6所示,摩洛哥鲜辣椒出口市场集中度较高,主要包括西班牙、法国、德国、荷兰和瑞士等欧洲国家。

表7-6 2018~2020年摩洛哥鲜辣椒的出口市场

单位:万美元;%

国家	2018年		2019年		2020年	
	出口额	占比	出口额	占比	出口额	占比
西班牙	5913.70	39.14	6510.70	47.16	5934.00	41.36
法国	5609.80	37.13	3392.70	24.57	4289.70	29.90
德国	1849.20	12.24	1597.80	11.57	1715.00	11.95
荷兰	186.80	1.24	792.40	5.74	560.40	3.91
瑞士	230.00	1.52	277.50	2.01	414.20	2.89
其他	1318.70	8.73	1234.60	8.94	1434.30	10.00
合计	15108.20	100.00	13805.70	100.00	14347.60	100.00

数据来源:UN Comtrade 数据库。

(三) 国内需求情况

中国食辣历史悠久,食辣人群庞大,是全球辣椒生产大国和消费大国。从生产侧来看,作为全球鲜辣椒产量最多的国家,2016年以前,中国鲜辣椒产量占世界鲜辣椒产量的一半以上;2016~2020年,尽管中国鲜辣椒产量保持增长的态势,但是占全球鲜辣椒产量的比重却有所下降。与此同时,中国干辣椒的产量基本维持在每年30万吨左右的水平,2020年产量为30.76万吨,占全球干辣椒产量的比重仅为7.40%,详见表7-7。

从消费侧来看,作为中国居民生活中的重要消费品之一,辣椒的国内消费者超过6.5亿人,消费量约占调味品消费总量的30%。以湖南省为例,作为辣椒消费大省,湖南省每年人均消费辣椒量接近100斤。[1] 随着辛辣饮食文化快速传播,辣椒市场需求蕴藏着巨大的发展潜力。

---

[1] 《湖南每年人均消费辣椒近100斤 大部分辣椒来自省外》,凤凰网(湖南),https://hunan.ifeng.com/a/20180102/6271205_0.shtml。

表 7 – 7　2011～2020 年中国辣椒的产量及种植面积

年份	鲜辣椒				干辣椒	
	产量 (万吨)	世界占比 (%)	种植面积 (千公顷)	世界占比 (%)	产量 (万吨)	世界占比 (千公顷)
2011	1554.16	51.36	707.09	37.18	27.78	8.72
2012	1562.34	50.46	709.29	36.54	29.00	8.59
2013	1582.66	50.60	712.47	36.95	30.00	8.38
2014	1629.10	50.42	726.62	37.23	30.73	8.28
2015	1720.78	51.56	752.53	39.84	30.58	7.61
2016	1644.19	48.92	730.60	38.18	30.91	7.82
2017	1664.86	47.53	736.63	37.80	30.74	6.84
2018	1676.91	46.95	740.04	37.26	30.74	6.73
2019	1662.13	46.14	735.75	37.48	30.80	7.46
2020	1668.09	46.16	737.54	35.63	30.76	7.40

数据来源：FAO 数据库。

（四）市场准入及关税政策

在市场准入方面，为防止传入危险性病虫害，部分原产地为非洲国家的辣椒因存在地中海实蝇而被列入《中华人民共和国进境植物检疫禁止进境物名录》，因此部分非洲国家的辣椒无法出口至中国。如表 7 – 8 所示，共有 35 个非洲国家或地区的辣椒被禁止进入中国境内，其中包括尼日利亚、埃及、埃塞俄比亚、加纳等鲜辣椒和干辣椒主产国。

在关税政策方面，中国对进口鲜辣椒、未磨干辣椒及已磨干辣椒所征收的最惠国税率分别为 13%、20%、20%，显著高于欧盟的 7.2%、9.6%、5%，而美国对该类产品征收 4.4¢/kg、3¢/kg、3¢/kg 的从量税。对于非洲 33 个最不发达国家，三类辣椒的进口特惠税率均为 0%。然而，对于未享受最惠国待遇的非洲国家，其进口普通税率均高达 70%。因此，相较欧美等发达国家，中国的关税水平仍有较大的调整空间。中国、中国—东盟、欧美进口辣椒的关税详见表 7 – 9。

表7-8 辣椒被列入《中华人民共和国进境植物检疫禁止进境物名录》

禁止进境物[①]	禁止进境的原因 （防止传入的危险性病虫害）	禁止的非洲国家或地区
辣椒	地中海实蝇	埃及、利比亚、突尼斯、阿尔及利亚、摩洛哥、塞内加尔、布基纳法索、马里、几内亚、塞拉利昂、利比里亚、加纳、多哥、贝宁、尼日尔、尼日利亚、喀麦隆、苏丹、埃塞俄比亚、肯尼亚、乌干达、坦桑尼亚、卢旺达[②]、布隆迪、刚果（金）、安哥拉、赞比亚、马拉维、莫桑比克、马达加斯加、毛里求斯、留尼汪、津巴布韦、博茨瓦纳、南非

注：①因科学研究等特殊原因需要引进本表所列禁止进境的物品，必须事先提出申请，经海关总署批准。

②2021年7月8日中国海关总署发布《海关总署公告2021年第53号 关于进口卢旺达干辣椒检验检疫要求的公告》，允许符合检验检疫要求的卢旺达干辣椒进口，卢旺达成为非洲原产干辣椒产品首个获准进入中国市场的国家，详情见 http://www. customs. gov. cn/customs/302249/302266/302267/3759578/index. html。

数据来源：中国海关总署（更新于2022年5月）。

表7-9 中国、中国—东盟、欧美进口辣椒的关税情况

单位：%

品名	中国进口关税[①]					美国进口关税[②]			欧盟进口关税[③]		
	最惠国税率	普通税率	暂定税率	特惠税率	中国—东盟协定税率	一般进口税率	特殊进口税率		第三国关税税率	ESA 1034	EBA 2005
							GSP	AGOA			
鲜辣椒	13	70	—	0	0	4.4￠/kg	0	0	7.2	0	0
未磨干辣椒	20	70	—	0	0	3￠/kg	0	0	9.6	0	0
已磨干辣椒	20	70	—	0	0	3￠/kg	0	0	5	0	0

注：①从上往下税号依次为0709600000、0904210000、0904220000；②从上往下税号依次为07096020、0904212000、0904222000；③从上往下税号依次为07096010、09042110、0904220011。

数据来源：中国海关总署、中国自由贸易区服务网、TARIC、USITC（更新于2022年8月）。

（五）国内进口情况

中国辣椒进口增势迅猛，以进口未磨干辣椒为主、鲜辣椒为辅。如表7-10所示，2020年中国共进口辣椒43229.04万美元，相较2018年的19257.59万美元，增幅达到124.48%。其中，未磨干辣椒是中国辣椒进口

的主要类别之一，2018～2020 年占中国辣椒进口额的比重逐年增大，由 2018 年的 56.45% 增长至 2020 年的 89.22%。在此期间，鲜辣椒的进口额不断缩减，由 2018 年的 8217.99 万美元下降至 2020 年的 4474.94 万美元，占比由 42.67% 缩小至 10.35%。

表 7-10　2018～2020 年中国辣椒进口情况

单位：万美元；%

HS 编码 - 品名	2018 年		2019 年		2020 年	
	进口额	占比	进口额	占比	进口额	占比
070960 - 鲜辣椒	8217.99	42.67	5590.59	15.30	4474.94	10.35
090421 - 未磨干辣椒	10870.30	56.45	30829.30	84.34	38567.20	89.22
090422 - 已磨干辣椒	169.30	0.88	131.60	0.36	186.90	0.43
合计	19257.59	100.00	36551.49	100.00	43229.04	100.00

数据来源：UN Comtrade 数据库。

基于上述分析，本部分以未磨干辣椒为例就其进口来源地展开分析。如表 7-11 所示，印度是中国未磨干辣椒进口的主要来源国，2020 年进口额达到 36088 万美元，占中国未磨干辣椒进口额的比重高达 93.57%，主要原因是印度干辣椒辣度高，品种齐全，价格低廉，符合中国消费升级的需要。

表 7-11　2018～2020 年中国未磨干辣椒主要进口来源国

单位：万美元；%

国家	2018 年		2019 年		2020 年	
	进口额	占比	进口额	占比	进口额	占比
印度	3748.10	34.48	29161.70	94.59	36088.00	93.57
越南	7119.20	65.49	1657.00	5.37	2434.00	6.31
美国	0.00	0.00	0.10	0.00	41.80	0.11
韩国	0.30	0.00	1.10	0.00	3.40	0.01
其他	2.70	0.02	9.40	0.03	0.00	0.00
合计	10870.30	100.00	30829.30	100.00	38567.20	100.00

数据来源：UN Comtrade 数据库。

二 海鲜

（一）生产情况

非洲东濒印度洋，西临大西洋，东北以红海和苏伊士运河与亚洲为邻，北隔直布罗陀海峡和地中海与欧洲相望，海岸线全长3.2万公里，较平直，渔业资源非常丰富。非洲渔业以海洋捕捞为主，海鲜类产品种类繁多。根据水生动物和植物的国际统计分类标准（International Standard Statistical Classification of Aquatic Animals and Plants，ISSCAAP)①，本部分对非洲渔业资源的产量情况进行分析。

2018～2020年非洲渔业资源产量逐年下降。如表7-12所示，2020年非洲渔业资源产量为661.54万吨，相较2018年的719.60万吨，下降幅度为8.07%。从生产类别来看，非洲渔业资源以海洋鱼类为主，呈现高度集中的特征。表7-12呈现了2018～2020年的非洲渔业资源产量情况，其中海洋鱼类产量占非洲渔业资源产量的九成以上，软体动物和甲壳纲动物稳居其后。

表7-12 2018～2020年非洲渔业资源产量情况

单位：万吨；%

类别	2018年		2019年		2020年	
	产量	占比	产量	占比	产量	占比
海洋鱼类	670.04	93.11	637.06	92.45	611.11	92.38
软体动物	22.12	3.07	25.22	3.66	25.32	3.83
甲壳纲动物	20.34	2.83	20.53	2.98	19.30	2.92
水生植物	2.70	0.38	2.66	0.39	3.05	0.46
洄游鱼类	1.63	0.23	1.77	0.26	1.90	0.29

---

① ISSCAAP分类标准将水生动物和植物分为九大类，包括淡水鱼（freshwater fishes），洄游鱼类（diadromous fishes），海洋鱼类（marine fishes），甲壳纲动物（crustaceans），软体动物（molluscs），鲸鱼、海豹和其他水生哺乳动物（whales，seals and other aquatic animals），其他水生动物（miscellaneous aquatic animals），其他水生动物产品（miscellaneous aquatic animals products），水生植物（aquatic plants）。

续表

类别	2018 年		2019 年		2020 年	
	产量	占比	产量	占比	产量	占比
鲸鱼、海豹和其他水生哺乳动物	2.04	0.28	1.36	0.20	0.45	0.07
其他水生动物	0.12	0.02	0.15	0.02	0.17	0.03
淡水鱼	0.17	0.02	0.23	0.03	0.16	0.02
其他水生动物产品	0.44	0.06	0.07	0.01	0.08	0.01
合计	719.60	100.00	689.05	100.00	661.54	100.00

数据来源：FAO 数据库。

非洲渔业生产国别集中度较高。以非洲第一大渔业资源——海洋鱼类为例，2020 年非洲海洋鱼类产量前五大国分别是摩洛哥、毛里塔尼亚、南非、塞内加尔和尼日利亚，合计占比超五成。2018～2020 年非洲海洋鱼类主产国生产情况详见表 7－13。

表 7－13　2018～2020 年非洲海洋鱼类主产国生产情况

单位：万吨；%

国家	2018 年		2019 年		2020 年	
	产量	占比	产量	占比	产量	占比
摩洛哥	128.11	19.12	134.43	21.10	123.59	20.22
毛里塔尼亚	91.10	13.60	64.76	10.17	60.87	9.96
南非	54.22	8.09	42.99	6.75	58.36	9.55
塞内加尔	41.81	6.24	45.52	7.15	40.46	6.62
尼日利亚	41.98	6.27	39.09	6.14	37.11	6.07
其他	312.82	46.69	310.27	48.70	290.72	47.57
合计	670.04	100.00	637.06	100.00	611.11	100.00

数据来源：FAO 数据库。

（二）出口情况

根据《条例》，本部分以 HS03 分析非洲海鲜的出口情况。受限于加工能力和本土需求，非洲海鲜出口额占全球海鲜出口总额的比重较低，2018～2020年仅维持在4%的水平。具体而言，2018年非洲海鲜出口额为54.85亿美元，占世界海鲜出口总额的比重为4.39%，此后出口规模逐年递减，2020年出口额仅为45.33亿美元，同比下降17.36%。

从出口类别来看，非洲海鲜以冻鱼（HS0303）和带壳或去壳的软体动物（HS0307）出口为主，占非洲海鲜出口额的比重超六成。其中，2018～2020年非洲冻鱼出口额分别为17.68亿美元、17.47亿美元和15.91亿美元，占非洲海鲜出口总额的比重分别为32.23%、33.38%和35.10%；非洲带壳或去壳的软体动物出口额分别为17.36亿美元、16.23亿美元和13.08亿美元，占非洲海鲜出口总额的比重分别为31.65%、31.01%和28.86%。2018～2020年非洲海鲜出口类别见表7-14。

表7-14 2018～2020年非洲海鲜出口类别

单位：亿美元；%

HS编码-品名	2018年		2019年		2020年	
	出口额	占比	出口额	占比	出口额	占比
0303-冻鱼	17.68	32.23	17.47	33.38	15.91	35.10
0307-带壳或去壳的软体动物	17.36	31.65	16.23	31.01	13.08	28.86
0304-鲜、冷、冻鱼片及其他鱼肉	7.71	14.06	7.10	13.57	6.22	13.72
0306-带壳或去壳的甲壳动物	5.64	10.28	5.26	10.05	4.89	10.79
0302-鲜、冷鱼	3.77	6.87	3.64	6.95	3.12	6.88
0305-干、盐腌或盐渍的鱼	1.62	2.95	2.08	3.97	1.63	3.60
0301-活鱼	0.76	1.39	0.48	0.92	0.37	0.82
0308-不属于甲壳动物及软体动物的水生无脊椎动物	0.31	0.57	0.08	0.15	0.11	0.24
合计	54.85	100.00	52.34	100.00	45.33	100.00

数据来源：UN Comtrade数据库。

非洲海鲜出口国别集中度较高。以2020年为例，非洲海鲜出口额排名前十的国家分别为摩洛哥、毛里塔尼亚、纳米比亚、南非、塞内加尔、突尼斯、坦桑尼亚、乌干达、马达加斯加和毛里求斯，合计占比超八成，呈现高度集中的特征。2018～2020年非洲海鲜主要出口国详见表7-15。

表7-15 2018～2020年非洲海鲜主要出口国

单位：亿美元；%

国家	2018年		2019年		2020年	
	出口额	占比	出口额	占比	出口额	占比
摩洛哥	13.62	24.83	12.14	23.19	12.51	27.60
毛里塔尼亚	8.92	16.26	9.56	18.27	6.62	14.60
纳米比亚	7.31	13.33	6.95	13.28	5.97	13.17
南非	5.45	9.94	4.97	9.50	4.39	9.68
塞内加尔	4.73	8.62	4.96	9.48	4.32	9.53
突尼斯	1.76	3.21	1.59	3.04	1.45	3.20
坦桑尼亚	1.57	2.86	1.66	3.17	1.37	3.02
乌干达	1.70	3.10	1.74	3.32	1.25	2.76
马达加斯加	1.14	2.08	1.15	2.20	1.14	2.51
毛里求斯	1.51	2.75	1.23	2.35	0.89	1.96
其他	7.14	13.02	6.39	12.21	5.42	11.96
合计	54.85	100.00	52.34	100.00	45.33	100.00

数据来源：UN Comtrade数据库。

基于上述分析可知，冻鱼（HS0303）和带壳或去壳的软体动物（HS0307）为非洲海鲜出口额最大的两类产品，且摩洛哥不仅是非洲第一大海鲜出口国，还是上述两类产品的第一大出口国。基于此，本部分以摩洛哥冻鱼和带壳或去壳的软体动物的出口情况为例，探究非洲海鲜的出口流向。如表7-16所示，2020年摩洛哥冻鱼类产品主要流向巴西、南非、西班牙和科特迪瓦等国家；其带壳或去壳的软体动物类产品超过50%出口至西班牙。

（三）国内需求情况

中国是全球最大的海鲜消费国之一，自1961年以来，食用鱼的总供应量和消费量一直以每年3.60%的速度增长。据华经产业研究院统计，2019年中国海鲜餐饮行业市场规模达到5581.78亿元，同比增长18.41%。中国对海鲜的消费量也呈上升趋势。虽然受到新冠疫情的影响，中国对海鲜的消

表 7 - 16 2018 ~ 2020 年非洲部分海鲜出口情况

单位：亿美元；%

HS 编码 - 品名	国家	年份	出口额	出口目的国 （占出口国出口总额的比重）
0303 - 冻鱼	摩洛哥	2018	2.86	巴西（26.81）、南非（13.31）、西班牙（9.45）、泰国（7.74）、科特迪瓦（5.00）、土耳其（4.75）、马耳他（4.43）、葡萄牙（3.83）、纳米比亚（3.73）、俄罗斯（3.35）、其他（17.58）
		2019	2.46	巴西（23.70）、南非（16.69）、西班牙（11.13）、科特迪瓦（4.86）、土耳其（4.59）、俄罗斯（4.20）、葡萄牙（3.80）、纳米比亚（3.30）、韩国（3.20）、泰国（2.60）、其他（21.92）
		2020	2.73	巴西（15.26）、南非（11.99）、西班牙（11.51）、科特迪瓦（10.61）、加纳（6.64）、韩国（5.62）、俄罗斯（4.88）、土耳其（4.42）、葡萄牙（2.94）、马耳他（2.84）、其他（23.30）
0307 - 带壳或去壳的软体动物	摩洛哥	2018	8.35	西班牙（66.01）、意大利（17.65）、日本（10.84）、葡萄牙（2.39）、加拿大（0.78）、其他（2.34）
		2019	7.45	西班牙（60.55）、意大利（23.56）、日本（8.02）、中国（1.97）、希腊（1.61）、其他（4.29）
		2020	7.76	西班牙（55.53）、意大利（25.90）、日本（11.56）、中国（2.06）、葡萄牙（1.07）、其他（3.88）

数据来源：UN Comtrade 数据库。

费量有所萎缩，但是结合 2018 年和 2019 年的数据来看，2019 年中国海鲜餐饮行业消费量为 2297.10 万吨，同比增长 15.96%，增速可期，详见表 7 - 17。中国海鲜消费处于快速成长期。根据中国饭店协会发布的《2021 海鲜餐饮行业市场调研报告》，中国海鲜餐饮行业增长率为 10% ~ 30%，巨大的消费潜力随着国民收入水平的提升正在加速释放。[1]

（四）市场准入及关税政策

为防止水生动物疫病传入国境，保护渔业生产、人体健康和生态环境，根据海关总署《进境水生动物检验检疫监督管理办法》（原质检总局第 183

---

[1] 《2021 海鲜餐饮行业市场调研报告》，中国饭店协会，https://www.shangyexinzhi.com/article/4259392.html。

号令),海关总署对进境水生动物实施检疫准入制度,包括产品风险分析、安全卫生控制体系评估与审查、检验检疫要求确定、境外养殖和包装企业注册登记。[①] 与此同时,根据检验检疫要求,对首次向中国输出水生动物的国家或地区进行产品风险分析和安全卫生控制体系评估,对曾经或者正在向中国输出水生动物的国家或地区水生动物安全卫生控制体系进行回顾性审查。根据海关总署制定的《已准入水生动物国家或地区及品种名单》,食用类水生动物一列中仅包括加纳、马达加斯加等 12 个非洲国家的甲壳类、鱼类和软体类的部分产品,大部分非洲国家的食用类海鲜暂未获得中国市场准入资格,详见表 7 - 18。

表 7 - 17　2018 ~ 2020 年中国海鲜餐饮行业市场规模与消费情况

单位:亿元;万吨

年份	市场规模	消费量
2018	4714. 09	1980. 86
2019	5581. 78	2297. 10
2020	4633. 46	1849. 63

数据来源:华经产业研究院。

表 7 - 18　已准入水生动物的非洲国家及品种名单 (食用类)

国家	类别	属
加纳	甲壳类	龙虾属、扁虾属
马达加斯加	甲壳类	扇虾属、岩龙虾属、龙虾属、椰子蟹属、青蟹属
	鱼类	鳗鲡属
毛里求斯	甲壳类	龙虾属
毛里塔尼亚	甲壳类	真龙虾属、龙虾属
莫桑比克	甲壳类	龙虾属、青蟹属
纳米比亚	软体类	巨蛎属、牡蛎属
	甲壳类	螯龙虾属、龙虾属

---

① 《进境水生动物检验检疫监督管理办法》(原质检总局第 183 号令),中华人民共和国海关总署,http://www.customs.gov.cn//customs/302249/302266/302267/2371322/index.html。

国家	类别	属
南非	甲壳类	馒头蟹属、螯龙虾属、岩龙虾属、龙虾属、青蟹属
	软体类	鲍属、巨蛎属
塞内加尔	软体类	棘螺属、翁戎螺属
	甲壳类	龙虾属、拟蝉虾属、扁虾属
埃及	甲壳类	螯龙虾属
坦桑尼亚	甲壳类	龙虾属、青蟹属
肯尼亚	甲壳类	真龙虾属、龙虾属、黄金蟹、青蟹属
摩洛哥	甲壳类	真龙虾属、螯龙虾属、龙虾属

注：（1）本名单为传统贸易和完成检疫准入种类梳理，供工作参考。本名单根据国外动物疫情、检疫准入、传统贸易梳理和进口检疫情况动态调整；（2）本名单中的各类螺需为海水养殖或海洋捕捞品种。

数据来源：《已准入水生动物国家或地区及品种名单》，中华人民共和国海关总署动植物检疫司，http://www.customs.gov.cn/dzs/2747042/3995815/3995864/3996810/index.html。

本部分选取部分非洲重点海鲜产品就其关税和准入情况进行分析。整体而言，中国对非洲海鲜类产品进口征收的最惠国税率普遍为 7%，对冻长鳍金枪鱼和冻黄鳍金枪鱼征收 6% 的暂定税率。从特惠税率来看，中国对非洲 33 个最不发达国家海鲜进口的特惠税率为 0%，与中国—东盟自贸区协定税率一致。美国对非洲海鲜的一般进口税率基本为 0%，欧盟进口关税普遍偏高，第三国进口关税在 0%~23% 波动，而对非洲部分国家，如东南部非洲国家，实施进口零关税政策。综上可知，中国虽然对非洲最不发达国家进口的海鲜实施零关税政策，但是优惠力度和范围远不及欧盟和美国，详情如表 7-19 所示。

表 7-19 中国、中国—东盟、欧美进口部分海鲜的关税

单位：%

品名	中国进口关税[①]					美国进口关税[②]			欧盟进口关税[③]		
	最惠国税率	普通税率	暂定税率	特惠税率	中国—东盟协定税率	一般进口税率	特殊进口税率		第三国关税税率	ESA 1034	EBA 2005
							GSP	AGOA			
鲜或冷鳕鱼	7	40	—	0	0	0	—	—	12	0	0

续表

品名	中国进口关税①					美国进口关税②			欧盟进口关税③		
	最惠国税率	普通税率	暂定税率	特惠税率	中国—东盟协定税率	一般进口税率	特殊进口税率		第三国关税税率	ESA 1034	EBA 2005
							GSP	AGOA			
鲜或冷鳀鱼	7	40	—	0	0	0	—	—	15	0	0
鲜或冷沙丁鱼、小沙丁鱼属、黍鲱或西鲱	7	40	—	0	0	0	—	—	23	0	0
冻沙丁鱼、小沙丁鱼属、黍鲱或西鲱	7	40	—	0	0	1.1¢/kg	0	0	23	0	0
冻长鳍金枪鱼	7	40	6	0	0	0	—	—	0	0	0
冻黄鳍金枪鱼	7	40	6	0	0	0	—	—	0	0	0
冻岩礁虾和其他龙虾	7	70	—	0	0	0	—	—	12.5	0	0
活、鲜、冷的章鱼	7	70	—	0	0	0	—	—	8	0	0
冻的章鱼	7	70	—	0	0	0	—	—	8	0	0
冻的金霸王蟹（帝王蟹）	7	70	5	0	0	0	—	—	7.5	0	0
活、鲜或冷的金霸王蟹（帝王蟹）	7	70	—	0	0	0	—	—	7.5	0	0

注：①从上往下税号依次为 0302510000、0302420000、0302430000、0303530000、0303410000、0303420000、0306110000、0307510000、0307520000、0306149010、0306339910；②从上往下税号依次为 03025100、0302420000、0302430000、0303530000、0303410000、03034200、03061100、0307510000、0307520000、03061440、03063340；③从上往下税号依次为 0302511020、030242、03024310、03035310、03034110、03034220、0306111010、030751、030752、0306149010、03063390。

数据来源：中国海关总署、中国自由贸易区服务网、TARIC、USITC（更新于 2022 年 8 月）。

（五）国内进口情况

随着全球新冠疫情的蔓延，中国海鲜进口不及预期，2020 年进口额仅为 123.72 亿美元，同比下降了 19.72%，但是较 2018 年增长了 6.60%。中国海鲜进口以带壳或去壳的甲壳动物（HS0306）和冻鱼（HS0303）为主，其中 2018～2020 年中国带壳或去壳的甲壳动物进口额分别为 43.74 亿美元、70.27 亿美元和 59.08 亿美元，占中国海鲜进口总额的比重分别为 37.69%、45.59% 和 47.75%；冻鱼类产品的进口额分别为 45.55 亿美元、49.40 亿美元和 39.25 亿美元，占中国海鲜进口总额的比重分别为 39.25%、32.05% 和 31.72%；上述两类产品在 2018～2020 年的合计占比均超 70%，呈现高度集中的特征，详见表 7－20。

值得注意的是，中国海鲜需求与非洲海鲜供给高度契合，包括冻鱼、软体动物等海鲜，但是当前中国海鲜的进口来源地主要为俄罗斯、厄瓜多尔等亚洲和美洲地区，与非洲直接的贸易往来不够紧密，详见表 7－21。未来，在中非合作论坛等机制的推动下，中国自非进口海鲜类产品的潜力有望得到充分释放。

表 7－20　2018～2020 年中国海鲜进口类别

单位：亿美元；%

HS 编码－品名	2018 年		2019 年		2020 年	
	进口额	占比	进口额	占比	进口额	占比
0306－带壳或去壳的甲壳动物	43.74	37.69	70.27	45.59	59.08	47.75
0303－冻鱼	45.55	39.25	49.40	32.05	39.25	31.72
0307－带壳或去壳的软体动物	12.50	10.77	15.60	10.12	11.85	9.58
0304－鲜、冷、冻鱼片及其他鱼肉	4.41	3.80	6.50	4.22	5.27	4.26
0302－鲜、冷鱼	7.31	6.30	7.92	5.14	4.18	3.38
0305－干、盐腌或盐渍的鱼	0.74	0.64	1.24	0.80	1.72	1.39
0301－活鱼	1.28	1.10	1.65	1.07	1.36	1.10
0308－不属于甲壳动物及软体动物的水生无脊椎动物	0.53	0.46	1.54	1.02	1.01	0.82
合计	116.06	100.00	154.12	100.00	123.72	100.00

数据来源：UN Comtrade 数据库。

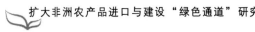

表 7 – 21　2018~2020 年中国海鲜产品进口来源地

单位：亿美元；%

国家	2018 年		2019 年		2020 年	
	进口额	占比	进口额	占比	进口额	占比
俄罗斯	21.12	18.20	21.86	14.18	18.42	14.89
厄瓜多尔	4.95	4.27	18.99	12.32	17.20	13.90
越南	5.50	4.74	9.76	6.33	10.53	8.51
印度	3.93	3.39	12.26	7.95	8.39	6.78
加拿大	10.04	8.65	11.24	7.29	8.26	6.68
美国	12.52	10.79	9.13	5.92	7.77	6.28
印度尼西亚	5.43	4.68	6.54	4.24	6.87	5.55
挪威	5.79	4.99	6.89	4.47	5.05	4.08
澳大利亚	6.34	5.46	7.11	4.61	4.90	3.96
新西兰	4.30	3.70	4.82	3.13	4.31	3.48
其他	36.14	31.14	45.52	29.54	32.02	25.88
合计	116.06	100.00	154.12	100.00	123.72	100.00

数据来源：UN Comtrade 数据库。

三　鲜花

（一）生产与出口情况

非洲是全球鲜花的重要产区之一。非洲气候温暖湿润，光照充足，适合鲜花种植。随着欧洲和北美地区主要花卉生产国花卉生产成本的提高，全球花卉生产区逐步向生产成本更低的非洲国家转移。与此同时，由于鲜花产业经济效益高，国际市场需求量大，加之非洲航空条件的改善，非洲国家大力支持鲜花产业的发展，以持续扩大鲜花出口规模。其中，首都被誉为"阳光下的花城"的肯尼亚是非洲第一大鲜花生产国。根据肯尼亚鲜花委员会公布的数据，肯尼亚鲜花产量占全球总产量的 7%，仅次于哥伦比亚和厄瓜多尔，位居全球第三。[①] 埃塞俄比亚的鲜花以花朵大、花茎长、花

---

① 《肯尼亚鲜花生产位居全球第三》，中华人民共和国商务部，http：//ke.mofcom.gov.cn/article/jmxw/201510/20151001148960.shtml。

期长而受到国际市场的青睐，虽然该国花卉产业发展只有 18 年，但已成为非洲第二大鲜花生产国。

鲜花出口是非洲国家创汇的主要来源之一，出口产品类别和国别相对集中。本部分根据《条例》，所指代的鲜花具体包括以下六类产品，即鲜的玫瑰（HS060311）、鲜的康乃馨（HS060312）、鲜的兰花（HS060313）、鲜的菊花（HS060314）、鲜的百合花（百合属）（HS060315）和其他鲜花（HS060319）。① 如表 7 - 22 所示，2020 年非洲鲜花出口额为 8.37 亿美元，相较于 2018 年的 8.68 亿美元下降了 3.57%。从鲜花出口类别来看，玫瑰是非洲鲜花出口的第一大类产品，2018~2020 年出口额分别为 6.85 亿美元、6.85 亿美元和 6.49 亿美元，占非洲鲜花出口总额的比重超七成。从鲜花出口国别来看，非洲超 80% 的鲜花出口来自肯尼亚和埃塞俄比亚。其中，肯尼亚作为非洲第一大鲜花出口国，2018~2020 年其鲜花出口额分别为 5.88 亿美元、5.99 亿美元、5.83 亿美元，占非洲鲜花出口总额的比重均接近七成；埃塞俄比亚是非洲第二大鲜花出口国，2020 年其鲜花出口额占非洲鲜花出口额的比重为 22.70%，详见表 7 - 23。

表 7 - 22 2018~2020 年非洲鲜花出口类别

单位：万美元；%

HS 编码 - 品名	2018 年		2019 年		2020 年	
	出口额	占比	出口额	占比	出口额	占比
060311 - 鲜的玫瑰	68470.30	78.86	68509.40	78.07	64886.50	77.54
060319 - 其他鲜花	15824.60	18.23	16801.60	19.15	17003.70	20.32
060312 - 鲜的康乃馨	1572.00	1.81	1458.30	1.66	1101.30	1.32
060314 - 鲜的菊花	880.10	1.01	948.90	1.08	678.10	0.81
060315 - 鲜的百合花	50.00	0.06	30.90	0.04	14.10	0.02
060313 - 鲜的兰花	22.80	0.03	6.40	0.01	1.70	0.00
合计	86819.80	100.00	87755.50	100.00	83685.40	100.00

数据来源：UN Comtrade 数据库。

———————

① 其他鲜花指除玫瑰、康乃馨、兰花、菊花和百合以外的鲜花。

表7-23　2018～2020年非洲鲜花出口国的出口情况

单位：亿美元；%

国家	2018年		2019年		2020年	
	出口额	占比	出口额	占比	出口额	占比
肯尼亚	5.88	67.74	5.99	68.22	5.83	69.65
埃塞俄比亚	1.98	22.81	1.99	22.67	1.90	22.70
其他	0.82	9.45	0.80	9.11	0.64	7.65
合计	8.68	100.00	8.78	100.00	8.37	100.00

数据来源：UN Comtrade数据库。

非洲鲜花主要流向荷兰、英国等欧洲国家。以肯尼亚和埃塞俄比亚玫瑰出口为例，2018～2020年，肯尼亚玫瑰出口至荷兰的比重接近五成；埃塞俄比亚约80%的玫瑰出口至荷兰，详见表7-24。

表7-24　2018～2020年非洲玫瑰主要出口国的出口情况

单位：亿美元；%

国家	年份	出口额	出口目的国（占出口国出口总额的比重）
肯尼亚	2018	4.83	荷兰（49.48）、英国（16.23）、德国（4.65）、俄罗斯（4.32）、挪威（3.82）、阿联酋（3.19）、澳大利亚（2.78）、沙特阿拉伯（2.73）、法国（1.41）、瑞士（1.38）、其他（10.02）
	2019	4.88	荷兰（48.13）、英国（18.00）、德国（5.25）、俄罗斯（3.83）、沙特阿拉伯（3.28）、阿联酋（3.20）、挪威（3.17）、澳大利亚（2.55）、瑞士（1.49）、法国（1.38）、其他（9.72）
	2020	4.63	荷兰（44.75）、英国（21.58）、德国（6.06）、俄罗斯（4.46）、挪威（4.12）、沙特阿拉伯（2.91）、阿联酋（2.42）、澳大利亚（2.14）、瑞士（1.85）、法国（1.34）、其他（9.72）
埃塞俄比亚	2018	1.72	荷兰（81.21）、沙特阿拉伯（6.17）、英国（4.13）、挪威（2.39）、阿联酋（1.77）、其他（4.33）
	2019	1.73	荷兰（78.70）、沙特阿拉伯（6.96）、英国（5.06）、挪威（2.68）、阿联酋（1.57）、其他（5.04）
	2020	1.67	荷兰（82.46）、沙特阿拉伯（6.47）、英国（3.63）、挪威（2.76）、阿联酋（1.70）、其他（3.38）

数据来源：UN Comtrade数据库。

（二）国内需求情况

目前，中国已成为全球最大的花卉生产基地，2021 年中国花卉种植总面积约 783 万公顷，同比增长 4.96%。与此同时，中国花卉行业正处于急速增长的阶段。2021 年中国花卉零售市场规模达 2205 亿元，同比增长17.50%。预计 2031 年，中国花卉年市场消费需求可达 5000 亿元。[①]

从国内亿元以上花卉专业市场交易总额来看，2017～2020 年，中国亿元以上花卉专业市场交易规模总体呈增长态势，2019 年高达 750.84 亿元，同比增长 16.86%。2020 年虽受到新冠疫情影响交易规模略微下降，但仍然高于 2017 年和 2018 年的交易规模。从花卉购买渠道来看，传统零售市场如花卉市场仍然是消费者购买鲜花的主要场所。随着消费者对鲜花需求的增加，中国花卉市场的摊位数与营业面积逐年增长。根据国家统计局公布的数据，2020 年中国花卉市场摊位数为 20662 个，比 2019 年增加了 730 个；2020 年中国花卉市场营业面积为 220.42 万平方米，同比增长 22.56%，详见表 7-25。此外，伴随着电子商务的快速发展，线上购花逐渐成为消费者购置鲜花的主要方式之一。

表 7-25　2017～2020 年中国亿元以上花卉专业市场的基本情况

	2017 年	2018 年	2019 年	2020 年
市场成交额（亿元）	453.28	642.50	750.84	675.21
摊位数（个）	20716	19685	19932	20662
营业面积（万平方米）	140.71	164.40	179.85	220.42

数据来源：中国国家统计局。

（三）市场准入和关税政策

花卉业是世界各国农业中唯一不受农产品配额限制的产业。从进口关税来看，中国对非洲鲜花进口征收的最惠国税率为 10%，普通税率为

[①]《2021 年中国花卉行业发展现状及趋势分析：花卉零售市场规模达 2205 亿元》，产业信息网，https://www.chyxx.com/industry/1110210.html。

100%，特惠税率和中国—东盟协定税率均为 0%。美国对非洲鲜花进口所征收的一般税率为 3.2%～6.8% 不等，而普惠制税率和 AGOA 协定税率都为 0%。欧盟对非洲鲜花进口所征收的第三国关税税率为 12%，而对东南部非洲国家鲜花进口所征收的税率与普惠制税率一致，均为 0%。因此，单从进口关税水平看，中国对非洲鲜花进口征收的关税因具体的出口国别存在较大的异质性，除对非洲 33 个最不发达国家的鲜花进口征收 0% 的特惠税率以外，对包括肯尼亚在内的非洲鲜花主产国和出口国所征收的最惠国税率为 10%，对既不是最不发达国家也不是 WTO 成员的非洲国家出口的鲜花所征收的关税税率高达 100%。相较于欧美而言，中国对非洲鲜花的进口税率仍存在一定的调整空间。中国、中国—东盟、欧美进口鲜花的关税情况详见表 7 – 26。

表 7 – 26　中国、中国—东盟、欧美进口鲜花的关税情况

单位：%

品名	中国进口关税[①]					美国进口关税[②]			欧盟进口关税[③]		
	最惠国税率	普通税率	暂定税率	特惠税率	中国—东盟协定税率	一般进口税率	特殊进口税率		第三国关税税率	ESA 1034	EBA 2005
							GSP	AGOA			
鲜的玫瑰	10	100	—	0	0	6.8	0	0	12	0	0
鲜的康乃馨	10	100	—	0	0	3.2	0	0	12	0	0
鲜的兰花	10	100	—	0	0	6.4	0	0	12	0	0
鲜的菊花	10	100	—	0	0	6.4	0	0	12	0	0
鲜的百合花	10	100	—	0	0	6.4	0	0	12	0	0
鲜的濒危植物插花及花蕾/其他鲜的插花及花蕾	10	100	—	0	0	6.4	0	0	12	0	0

注：① 从上往下税号依次为 0603110000、0603120000、0603130000、0603140000、0603150000、0603190010/0603190090；② 从上往下税号依次为 06031100、0603123000、06031300、06031400、06031500000、06031901；③ 从上往下税号依次为 060311、060312、060313、060314、060315、0603197090。

数据来源：中国海关总署、中国自由贸易区服务网、TARIC、USITC（更新于 2022 年 8 月）。

（四）国内进口情况

随着国内消费者对鲜花的需求日益增加，中国鲜花进口规模也在不断扩大。2018～2019年，中国鲜花进口规模均稳定在0.6亿美元以上，而受到新冠疫情的影响，2020年进口额仅为0.42亿美元，同比下降29.51%。从进口类别来看，中国鲜花进口种类较为集中，以其他鲜花、兰花、玫瑰和菊花为主，其中，其他鲜花进口额占中国鲜花进口总额的一半以上，详见表7-27。

表7-27 2018～2020年中国各类鲜花进口情况

单位：万美元；%

HS 编码 - 品名	2018 年		2019 年		2020 年	
	进口额	占比	进口额	占比	进口额	占比
060319 - 其他鲜花	3322.60	53.98	3250.10	54.00	2272.80	53.57
060313 - 鲜的兰花	1582.00	25.70	1518.90	25.24	1227.80	28.94
060311 - 鲜的玫瑰	867.80	14.10	796.50	13.23	478.20	11.27
060314 - 鲜的菊花	343.30	5.58	390.30	6.49	205.00	4.83
060312 - 鲜的康乃馨	29.90	0.49	48.30	0.80	38.30	0.90
060315 - 鲜的百合花	9.70	0.16	14.40	0.24	20.60	0.49
合计	6155.30	100.00	6018.50	100.00	4242.70	100.00

数据来源：UN Comtrade 数据库。

本部分以中国进口额最大的两类鲜花产品来分析其进口来源地分布情况。如表7-28所示，于其他鲜花而言，中国主要的进口来源地较为分散，主要包括荷兰、厄瓜多尔等国家或地区。值得注意的是，南非是中国其他鲜花进口的第三大来源国，2020年进口额达到0.034亿美元，占中国其他鲜花进口总额的比重为14.85%，而在2018年该比重仅为10.52%。此外，埃塞俄比亚和肯尼亚等非洲鲜花生产和出口大国也是中国自非其他鲜花进口的主要来源国。于鲜的兰花而言，与其他鲜花进口特征不同，中国鲜的兰花进口来源国呈现高度集中的特征，九成以上来自泰国。

表7-28 2018~2020年中国鲜花进口来源地

单位：万美元；%

HS 编码-品类	国家/地区	2018 年		2019 年		2020 年	
		进口额	占比	进口额	占比	进口额	占比
060319-其他鲜花	荷兰	885.00	26.64	919.20	28.28	908.70	39.98
	厄瓜多尔	1155.20	34.77	1030.50	31.71	373.30	16.42
	南非	349.60	10.52	366.00	11.26	337.50	14.85
	哥伦比亚	167.20	5.03	158.10	4.86	141.50	6.23
	埃塞俄比亚	137.70	4.14	120.30	3.70	91.10	4.01
	澳大利亚	97.30	2.93	104.80	3.22	85.80	3.78
	日本	63.60	1.91	150.50	4.63	73.10	3.22
	肯尼亚	184.80	5.56	122.20	3.76	62.40	2.75
	新西兰	44.40	1.34	36.10	1.11	44.80	1.97
	德国	26.80	0.81	45.50	1.40	25.90	1.14
	其他	211.00	6.35	196.90	6.06	128.70	5.66
	全球	3322.60	100.00	3250.10	100.00	2272.80	100.00
060313-鲜的兰花	泰国	1488.10	94.06	1401.70	92.28	1129.60	92.00
	荷兰	43.20	2.73	53.50	3.52	44.00	3.58
	新西兰	43.40	2.74	49.50	3.26	41.50	3.38
	其他	7.30	0.46	14.20	0.93	12.70	1.03
	全球	1582.00	100.00	1518.90	100.00	1227.80	100.00

数据来源：UN Comtrade 数据库。

四 水果

（一）生产情况

非洲水果品种繁多且产量丰富。2020 年非洲水果总产量为 11988.39 万吨，占全球水果产量的比重为 13.52%。其中，年产量在 200 万吨以上的水果主要有大蕉、香蕉、橙子、芒果、山竹、番石榴、西瓜、菠萝、葡萄、椰枣、苹果等。大蕉和香蕉是非洲水果产量最大的两类产品，占非洲水果产量的比重超四成。随着非洲不断重视对水果的开发，非洲水果资源日益丰富。例如，非洲苹果的产量增势较快，2020 年产量为 322.29 万吨，相较于 2018 年的 290.34 万吨,增幅达 11.00% ,占非洲水果总产量的比重也略微提升,由 2018 年的 2.58% 增长至 2020 年的 2.69% 。2018 ~ 2020 年非洲主要水果产量详见表 7 – 29。

表 7 – 29 2018 ~ 2020 年非洲主要水果产量

单位:万吨;%

类别	2018 年		2019 年		2020 年	
	产量	占比	产量	占比	产量	占比
大蕉	2621.90	23.29	3087.38	26.16	2991.19	24.95
香蕉	1991.18	17.69	2019.48	17.11	2125.40	17.73
橙子	962.90	8.55	993.24	8.42	975.62	8.14
芒果、山竹、番石榴	828.70	7.36	819.07	6.94	852.10	7.11
西瓜	717.16	6.37	746.28	6.32	821.02	6.85
菠萝	521.84	4.63	519.79	4.40	526.84	4.39
葡萄	473.79	4.21	472.46	4.00	480.66	4.01
椰枣	374.19	3.32	386.34	3.27	403.87	3.37
苹果	290.34	2.58	311.16	2.64	322.29	2.69
橘、柑	294.13	2.61	314.76	2.67	273.65	2.28
其他	2182.99	19.39	2130.20	18.05	2215.75	18.48
合计	11259.12	100.00	11800.16	100.00	11988.39	100.00

数据来源:FAO 数据库。

由于非洲国家资源禀赋存在差异加之气候和政策不同,本部分根据上述分析选择非洲产量排名前三的水果——大蕉、香蕉和橙子为例就非洲水果生产国别情况展开具体分析。大蕉是非洲产量最大的水果,主产国分布在西部非洲和中部非洲,地域分布呈现集中性特征。具体而言,生产国包括乌干达、刚果(金)、加纳、喀麦隆、尼日利亚和科特迪瓦,详见表 7 – 30。

非洲香蕉的产量仅次于大蕉,生产国基本分布于撒哈拉以南的中部非洲和东部非洲近海区域。具体而言,2020 年生产国按照产量高低依次为安哥拉、坦桑尼亚、肯尼亚、埃及、布隆迪、喀麦隆和卢旺达,详见表 7 – 31。

表 7 – 30   2018～2020 年非洲大蕉生产国情况

单位：万吨；%

国家	2018 年		2019 年		2020 年	
	产量	占比	产量	占比	产量	占比
乌干达	345.00	13.16	832.60	26.97	740.16	24.74
刚果（金）	483.23	18.43	485.65	15.73	489.20	16.35
加纳	468.83	17.88	476.79	15.44	466.80	15.61
喀麦隆	450.00	17.16	450.00	14.58	452.61	15.13
尼日利亚	308.07	11.75	308.56	9.99	307.72	10.29
科特迪瓦	185.45	7.07	185.72	6.02	188.28	6.29
其他	381.32	14.54	348.06	11.27	346.42	11.58
合计	2621.90	100.00	3087.38	100.00	2991.19	100.00

数据来源：FAO 数据库。

表 7 – 31   2018～2020 年非洲香蕉生产国情况

单位：万吨；%

国家	2018 年		2019 年		2020 年	
	产量	占比	产量	占比	产量	占比
安哥拉	395.40	19.86	403.70	19.99	411.50	19.36
坦桑尼亚	339.55	17.05	340.69	16.87	341.94	16.09
肯尼亚	141.42	7.10	171.58	8.50	185.67	8.74
埃及	129.28	6.49	133.03	6.59	138.30	6.51
布隆迪	165.50	8.31	117.98	5.84	128.00	6.02
喀麦隆	120.87	6.07	120.57	5.97	120.98	5.69
卢旺达	101.00	5.07	104.70	5.18	111.88	5.26
其他	598.16	30.04	627.23	31.06	687.13	32.33
合计	1991.18	100.00	2019.48	100.00	2125.40	100.00

数据来源：FAO 数据库。

非洲橙子的生产国主要集中于北非地区，包括埃及和阿尔及利亚。其中，埃及是非洲最大的橙子生产国，2020 年产量为 315.80 万吨，占非洲橙子总产量的比重为 32.37%。南非仅次于埃及，是非洲第二大橙子生产国，2020 年产量为 155.51 万吨，约为埃及橙子产量的一半，详见表 7 – 32。

表 7 - 32　2018~2020 年非洲橙子生产国情况

单位：万吨；%

国家	2018 年		2019 年		2020 年	
	产量	占比	产量	占比	产量	占比
埃及	308.60	32.05	306.76	30.88	315.80	32.37
南非	177.58	18.44	168.65	16.98	155.51	15.94
阿尔及利亚	113.42	11.78	119.95	12.08	117.48	12.04
摩洛哥	101.92	10.58	118.25	11.91	80.63	8.26
加纳	69.44	7.21	69.58	7.01	69.76	7.15
其他	191.94	19.93	210.05	21.15	236.44	24.23
合计	962.90	100.00	993.24	100.00	975.62	100.00

数据来源：FAO 数据库。

（二）出口情况

本书根据现有文献的常见做法，依据《条例》，选择 HS08 的所有产品对非洲水果的出口情况展开分析，具体包括 0801 ~ 0814 共 14 类产品。[1] HS08 主要是鲜果类产品，本书按照二级分类进行具体分析，详见表 7 - 33。

表 7 - 33　HS 中的 08 系类具体类目

HS 编码	品名	备注
0801	椰子、巴西果和腰果	热带水果
0802	核桃、栗子、开心果等食用坚果	
0803	香蕉、芭蕉	
0804	椰枣、无花果、菠萝、番石榴、芒果	
0805	橙、柑、橘、柚、柠檬	亚热带和温带水果
0806	葡萄	
0807	甜瓜、木瓜	
0808	苹果、梨	
0809	杏、桃、梅、李	

[1]　张复宏：《中国水果出口的贸易演进及优化策略研究》，山东农业大学博士学位论文，2013。

续表

HS 编码	品名	备注
0810	草莓、猕猴桃、榴莲、荔枝、龙眼、红毛丹等	热带水果
0811	冷冻水果及坚果	
0812	暂时保藏的水果	主要是樱桃、草莓等
0813	什锦坚果	主要是干的杏子
0814	果皮	主要是瓜类皮、柑橘皮

非洲水果出口整体保持稳定，2020 年出口额为 107.10 亿美元，同比增长 8.54%。相较于世界水果出口额，非洲水果出口额所占比重较低，2020年仅为 8.00%。从出口国别来看，非洲水果出口国集中度较高，南非作为非洲第一大水果出口国，占比为 35.70%；出口额排名前两位的国家占比接近 50%；出口额排名前四位的国家占比超过 70%。2018～2020 年非洲水果出口国情况详见表 7 - 34。

表 7 - 34　2018～2020 年非洲水果出口国情况

单位：亿美元；%

国家	2018 年		2019 年		2020 年	
	出口额	占比	出口额	占比	出口额	占比
南非	37.08	35.98	34.25	34.71	38.24	35.70
摩洛哥	11.74	11.39	13.60	13.78	15.16	14.15
埃及	13.97	13.55	14.17	14.36	14.54	13.58
科特迪瓦	13.80	13.39	10.16	10.30	11.22	10.48
加纳	5.95	5.77	3.67	3.72	5.84	5.45
坦桑尼亚	1.38	1.34	3.68	3.73	3.77	3.52
突尼斯	3.28	3.18	3.18	3.22	2.96	2.76
喀麦隆	0.63	0.61	2.91	2.95	2.86	2.67
肯尼亚	2.33	2.26	2.04	2.07	2.16	2.02
阿尔及利亚	1.11	1.08	1.12	1.14	1.38	1.29
其他	11.80	11.45	9.89	10.02	8.97	8.38
合计	103.07	100.00	98.67	100.00	107.10	100.00

数据来源：UN Comtrade 数据库。

就水果出口类别来看，非洲以橙、柑、橘、柚、柠檬（HS0805）等水果出口最多，2020 年出口额达 30.76 亿美元，占非洲水果出口总额的比重为 28.72%；其次是椰子、巴西果和腰果（HS0801），2020 年出口额为 22.05 亿美元，占比超过 20%。整体而言，2018～2020 年非洲各类水果出口额和占比基本保持稳定。2018～2020 年非洲水果出口类别详见表 7-35。

表 7-35 2018～2020 年非洲水果出口类别

单位：亿美元；%

HS 编码 - 品名	2018 年		2019 年		2020 年	
	出口额	占比	出口额	占比	出口额	占比
0805 - 橙、柑、橘、柚、柠檬	28.02	27.19	26.68	27.04	30.76	28.72
0801 - 椰子、巴西果和腰果	25.72	24.95	20.42	20.70	22.05	20.59
0804 - 椰枣、无花果、菠萝、番石榴、芒果	10.22	9.92	9.54	9.67	11.09	10.35
0806 - 葡萄	9.76	9.47	9.43	9.56	9.40	8.78
0810 - 草莓、猕猴桃、榴莲、荔枝、龙眼、红毛丹等	6.78	6.58	8.69	8.81	8.96	8.37
0803 - 香蕉、芭蕉	3.72	3.61	5.60	5.68	6.05	5.65
0808 - 苹果、梨	5.96	5.78	5.66	5.74	6.02	5.62
0802 - 核桃、栗子、开心果等食用坚果	5.61	5.44	5.70	5.78	4.99	4.66
0811 - 冷冻水果及坚果	2.43	2.36	2.88	2.92	3.06	2.86
0807 - 甜瓜、木瓜	2.48	2.41	2.12	2.15	2.68	2.50
0809 - 杏、桃、梅、李	1.74	1.69	1.43	1.45	1.31	1.22
0813 - 什锦坚果	0.42	0.41	0.37	0.37	0.55	0.51
0812 - 暂时保藏的水果	0.18	0.17	0.12	0.12	0.15	0.14
0814 - 果皮	0.03	0.03	0.03	0.03	0.03	0.03
合计	103.07	100.00	98.67	100.00	107.10	100.00

数据来源：UN Comtrade 数据库。

在出口市场上，绝大部分非洲水果流向欧美、东南亚和南亚等国家或地区，直接流向中国的比例较低。本部分选取非洲出口最多的水果类别 HS0805（橙、柑、橘、柚、柠檬）中最大的出口国南非和第二大出口水果类别 HS0801（椰子、巴西果和腰果）中最大的出口国科特迪瓦为例就非洲水果出口流向问题展开探讨。具体而言，2018～2020 年南非的橙子、柑橘等水果主要流向荷兰、英国等国家或地区，而流向中国的占比逐年下降，2020 年占比仅为 5.63%；科特迪瓦的椰子、巴西果和腰果则主要流向越南和印度，详见表 7-36。

表 7-36 2018～2020 年非洲代表性水果主要出口地的出口情况

单位：亿美元；%

HS 编码-品名	国家	年份	出口额	出口目的国（占出口国出口总额的比重）
0805-橙、柑、橘、柚、柠檬	南非	2018	15.43	荷兰（16.54）、英国（9.65）、中国（9.63）、俄罗斯（7.40）、中国香港（6.46）、阿联酋（6.11）、沙特阿拉伯（5.40）、葡萄牙（4.18）、加拿大（4.00）、美国（3.56）、其他（27.06）
		2019	13.68	荷兰（17.88）、英国（9.50）、中国（7.57）、俄罗斯（6.69）、阿联酋（6.50）、沙特阿拉伯（6.38）、加拿大（3.84）、葡萄牙（3.77）、美国（3.63）、其他（34.24）
		2020	17.07	荷兰（21.22）、英国（9.62）、阿联酋（7.42）、俄罗斯（7.34）、中国（5.63）、美国（5.25）、葡萄牙（4.90）、加拿大（4.53）、沙特阿拉伯（4.36）、其他（29.74）
0801-椰子、巴西果和腰果	科特迪瓦	2018	11.65	越南（63.80）、印度（28.95）、美国（2.11）、荷兰（0.94）、巴西（0.88）、其他（3.32）
		2019	8.08	越南（70.01）、印度（22.78）、美国（1.59）、巴西（0.76）、荷兰（0.73）、其他（4.12）
		2020	9.25	越南（78.70）、印度（14.65）、美国（1.42）、比利时（1.02）、荷兰（0.73）、意大利（0.70）、德国（0.65）、中国（0.26）、其他（1.77）

数据来源：UN Comtrade 数据库。

（三）市场准入及关税政策

获得中国市场准入的非洲水果种类和输出国家有限。根据海关总署发布的《获得我国检验检疫准入的新鲜水果种类及输出国家/地区名录》和《获得我国检验检疫准入的冷冻水果及输出国家/地区名录》，截至 2022 年 6 月，只有部分非洲国家的少数新鲜水果（如埃及、摩洛哥和南非的柑橘）

和冷冻水果（如肯尼亚的冷冻鳄梨）获得中国检验检疫准入。然而，非洲大部分具有比较优势的水果，如大蕉、香蕉、芒果、山竹等暂未获得中国市场准入资格。获得中国检验检疫准入的非洲新鲜水果和冷冻水果种类及输出国家名录详见表7-37。

表7-37 获得中国检验检疫准入的非洲新鲜水果和冷冻水果种类及输出国家名录

国家	新鲜水果种类	冷冻水果种类
埃及	柑橘类、葡萄、椰枣	冷冻草莓
摩洛哥	柑橘（橙、桔、克里曼丁桔）	冷冻草莓
南非	柑橘（桔、橙、葡萄柚、柠檬）、葡萄、苹果	—
赞比亚	蓝莓	—
突尼斯	—	冷冻草莓
肯尼亚	—	冷冻鳄梨

数据来源：中国海关总署（更新于2022年6月）。

在进口关税方面，本部分基于上述分析，重点归纳已获得中国市场准入的部分非洲水果进口关税情况。如表7-38所示，中国对已获得市场准入的非洲水果所征收的进口最惠国税率为10%~30%，其中，对鲜苹果进口征税税率为10%，对鲜或干的其他柑橘属水果以及冷冻草莓和冷冻鳄梨征税税率为30%；而对非洲33个最不发达国家所征收的特惠税率均为0%。相较于欧美对非洲水果进口所征收的关税，中国对非洲水果进口征税偏高，无疑增大了中国企业进口非洲水果的成本，削弱了非洲水果在中国市场中的竞争力，不利于扩大非洲优质水果的进口。

表7-38 获得中国市场准入的部分非洲水果进口关税情况

单位：%

品名	中国进口关税①					美国进口关税②			欧盟进口关税③		
	最惠国税率	普通税率	暂定税率	特惠税率	中国—东盟协定税率	一般进口税率	特殊进口税率		第三国关税税率	ESA 1034	EBA 2005
							GSP	AGOA			
鲜或干的椰枣	15	40	—	0	0	13.2¢/kg	0	0	7.7	0	

续表

品名	中国进口关税①					美国进口关税②			欧盟进口关税③		
	最惠国税率	普通税率	暂定税率	特惠税率	中国—东盟协定税率	一般进口税率	特殊进口税率		第三国关税税率	ESA 1034	EBA 2005
							GSP	AGOA			
鲜或干的橙	11	100	—	0	0	1.9¢/kg	—	0	3.2	0	0
鲜或干的柑橘（包括小蜜橘及萨摩蜜柑橘）	12	100	—	0	0	1.9¢/kg	—	0	16	0	0
鲜的葡萄柚及柚	12	100	—	0	0	1.9¢/kg	—	0	2.4	0	0
鲜或干的柠檬及酸橙	11	100	0	0	0	2.2¢/kg	0	0	12.8	0	0
鲜或干的其他柑橘属水果	30	100	0	0	0	0.8	0	0	12.8	0	0
鲜葡萄	13	80	—	0	0	0	—	0	17.6	0	0
鲜苹果	10	100	—	0	0	0	—	0		0	0
冷冻草莓	30	80	—	0	0	11.2	0	0	20.80% + 8.40EUR/ 100 kg	0	0
冷冻鳄梨	30	80	7	0	0	14.5	0	—	14.4	0	0

注：① 从上往下税号依次为 0804100000、0805100000、0805219000、0805400010、0805500000、0805900000、0806100000、0808100000、0811100000、0811909060；② 从上往下税号依次为 0804102000、08051000、08052100、0805404000、08055020、0805900100、0806104000、08081000、081111000、08119080；③ 从上往下税号依次为 0804100030、0805102210、0805211010、0805400011、0805509010、080590、08061090、0808108090、08111011、0811909590。

数据来源：中国海关总署、中国自由贸易区服务网、TARIC、USITC（更新于 2022 年 8 月）。

（四）国内需求情况

随着中国人均消费支出增加和饮食消费升级，消费者对高品质水果的需求日益增加。同时，健康意识的增强也使得消费者更加关注食品的安全和产源，愿意为优质美味的水果支付高昂的溢价。得益于供应链的发展和冷链仓储物流技术的升级，配送时效提升加之水果损耗率的降低，消费者可以及时享受到新鲜且高品质的水果。此外，伴随互联网及电子商务高速发展，水果零售商业模式趋于多样化，给消费者提供了更便利的购物体验和更多的选择。

从人均消费量来看，中国水果消费增速较快，存在较大的增长空间。据图 7-1 可知，2021 年中国人均水果消费量为 175.27 千克，相较于 2012 年的 133.51 千克，增长幅度达 31.28%。

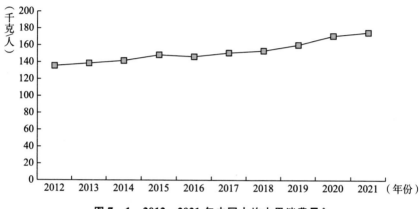

图 7-1 2012~2021 年中国人均水果消费量*

*含加工，但扣除消耗。

数据来源：《2022 年中国水果行业发展现状及市场前景展望》，产业信息网，https://www.chyxx.com/industry/1117535.html。

（五）国内进口情况

中国水果进口额逐年递增，进口国别集中度较高。如表 7-39 所示，2020 年中国水果进口额达到 120.15 亿美元，相较于 2018 年的 86.79 亿美元，增长幅度达到 38.44%。从进口来源国来看，中国水果进口的前三大来源国分别为泰国、智利和越南，2020 年中国自这三国进口的水果总额占中国水果进口总额的比重接近 60%，其中仅泰国一国的进口额占比就达到 33.43%。

就水果进口类别来看，中国以进口热带水果为主。其中，草莓、猕猴桃、榴莲、荔枝、龙眼、红毛丹等（HS0810）进口额最大，2020 年达到 41.14 亿美元，相较于 2018 年的 24.86 亿美元，增长幅度为 65.49%，占中国水果进口的比重为 34.24%，详见表 7-40。

表 7 - 39　2018~2020 年中国水果进口来源国

单位：亿美元；%

国家	2018 年		2019 年		2020 年	
	进口额	占比	进口额	占比	进口额	占比
泰国	20. 21	23. 29	33. 18	28. 45	40. 17	33. 43
智利	17. 20	19. 82	19. 57	16. 78	21. 58	17. 96
越南	8. 50	9. 79	8. 85	7. 59	9. 98	8. 31
美国	8. 07	9. 30	9. 66	8. 28	7. 28	6. 06
澳大利亚	4. 72	5. 44	7. 81	6. 70	5. 72	4. 76
菲律宾	7. 43	8. 56	7. 55	6. 47	5. 71	4. 75
新西兰	4. 44	5. 12	5. 30	4. 54	5. 12	4. 26
伊朗	0. 39	0. 45	3. 00	2. 57	3. 98	3. 31
南非	3. 23	3. 72	3. 36	2. 88	3. 32	2. 76
秘鲁	2. 25	2. 59	3. 06	2. 62	3. 08	2. 56
其他	10. 35	11. 93	15. 28	13. 10	14. 21	11. 83
全球	86. 79	100. 00	116. 62	100. 00	120. 15	100. 00

数据来源：UN Comtrade 数据库。

表 7 - 40　2018~2020 年中国水果进口类别

单位：亿美元；%

HS 编码 - 品名	2018 年		2019 年		2020 年	
	进口额	占比	进口额	占比	进口额	占比
0810 - 草莓、猕猴桃、榴莲、荔枝、龙眼、红毛丹等	24. 86	28. 64	31. 53	27. 04	41. 14	34. 24
0809 - 杏、桃、梅、李	14. 79	17. 04	16. 68	14. 30	18. 91	15. 74
0802 - 核桃、栗子、开心果等食用坚果	9. 33	10. 75	19. 61	16. 82	15. 75	13. 11
0804 - 椰枣、无花果、菠萝、番石榴、芒果	6. 95	8. 01	11. 57	9. 92	10. 08	8. 39
0803 - 香蕉、芭蕉	8. 97	10. 34	10. 94	9. 38	9. 33	7. 77
0806 - 葡萄	6. 39	7. 36	7. 03	6. 03	6. 76	5. 63
0805 - 橙、柑、橘、柚、柠檬	6. 34	7. 30	5. 94	5. 09	4. 92	4. 09
0801 - 椰子、巴西果和腰果	3. 27	3. 77	4. 95	4. 24	4. 90	4. 08
0811 - 冷冻水果及坚果	2. 45	2. 82	3. 49	2. 99	4. 28	3. 56

HS 编码 – 品名	2018 年		2019 年		2020 年	
	进口额	占比	进口额	占比	进口额	占比
0813 – 什锦坚果	1.50	1.73	1.74	1.49	2.11	1.76
0808 – 苹果、梨	1.30	1.50	2.40	2.06	1.57	1.31
0812 – 暂时保藏的水果	0.17	0.20	0.28	0.24	0.22	0.18
0807 – 甜瓜、木瓜	0.45	0.52	0.45	0.39	0.18	0.15
0814 – 果皮	0.02	0.02	0.01	0.01	0.00	0.00
合计	86.79	100.00	116.62	100.00	120.15	100.00

数据来源：UN Comtrade 数据库。

五 木材

（一）生产与出口情况

非洲木材以原木生产为主，且产量总体呈上升趋势。如表 7 – 41 所示，2020 年非洲原木总产量为 7.92 亿立方米，相比 2018 年增加了 1.73%，占世界原木总产量的 20.24%。其中，燃料用原木是非洲原木的主要类型，占原木产量的比重高达 89.99%。

表 7 – 41　2018～2020 年非洲木材产量及占世界木材产量比重情况

单位：万立方米；%

品名	2018 年		2019 年		2020 年	
	产量	占世界产量的比重	产量	占世界产量的比重	产量	占世界产量的比重
原木：	77815.29	19.39	78436.60	19.79	79161.01	20.24
工业用原木	7808.14	3.78	7829.72	3.88	7920.21	3.99
燃料用原木	70007.15	35.98	70606.88	36.32	71240.80	36.95
锯材	1155.25	2.35	1207.07	2.47	1083.25	2.29

数据来源：FAO 数据库。

非洲木材主产区主要集中在中部非洲与南部非洲，其中埃塞俄比亚、刚果（金）、尼日利亚等国的木材产量最为丰富。以 2020 年为例，埃塞俄

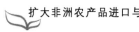

比亚、刚果（金）、尼日利亚三国的原木产量占非洲原木总产量的36.21%。非洲锯材生产主要集中在南非、尼日利亚、喀麦隆等国，2020年南非、尼日利亚和喀麦隆三国锯材产量占非洲锯材总产量的48.23%。

非洲以出口工业用原木以及锯材为主。非洲木材采伐主要自用，并且随着非洲多国限制原木的采伐甚至禁止出口，木材出口量逐年下降。2020年非洲原木出口量相比2018年减少了47.93%，占世界原木总出口量的2.86%。2018~2019年非洲锯材出口量呈现较大幅度增长，增幅达到13.21%，受到新冠疫情影响，2020年出口量下降至0.28亿立方米，同比下降20.03%，详见表7-42。

表7-42　2018~2020年非洲国家木材出口情况

单位：万立方米；%

品名	2018年		2019年		2020年	
	出口量	占世界出口比重	出口量	占世界出口比重	出口量	占世界出口比重
原木：	771.27	5.30	605.50	4.23	401.60	2.86
工业用原木	681.80	4.95	492.20	3.64	310.12	2.32
锯材	309.65	1.94	350.55	2.23	280.34	1.83

数据来源：FAO数据库。

非洲木材出口国较为集中。如表7-43所示，2020年非洲木材出口量排名前六位的国家分别为喀麦隆、刚果（布）、赤道几内亚、南非、莫桑比克和尼日利亚，出口量占非洲木材出口总量的比重高达73.95%。结合出口量与产量的比值这一指标来看，大部分非洲国家的木材以国内消费为主。

表7-43　2018~2020年非洲木材出口量排名前六位的国家出口情况

单位：万立方米；%

国家	2018年		2019年		2020年	
	出口量	出口/生产	出口量	出口/生产	出口量	出口/生产
喀麦隆	218.37	14.07	209.72	13.27	141.80	9.10
刚果（布）	112.17	25.91	113.02	25.97	84.30	19.73
赤道几内亚	124.61	70.71	67.58	37.71	28.06	15.66

续表

国家	2018 年		2019 年		2020 年	
	出口量	出口/生产	出口量	出口/生产	出口量	出口/生产
南非	109.05	3.63	154.48	9.68	154.60	8.85
莫桑比克	79.3447	4.10	94.13	3.07	76.23	2.49
尼日利亚	69.83	0.89	18.05	0.23	15.92	0.20

数据来源：FAO 数据库。

（二）国内进口情况

非洲木材占中国木材进口总额的比重较低。据中国海关总署公布的数据，2018～2020 年中国自非洲进口木材的贸易额依次为 22.80 亿美元、17.80 亿美元、13.20 亿美元，呈逐年递减的趋势。主要原因之一为非洲各国不断出台禁止原木出口的政策，进而抑制木材出口。从进口来源国来看，中国主要从刚果（布）、塞拉利昂、喀麦隆、莫桑比克和赤道几内亚等非洲国家进口原木，从加蓬和喀麦隆等非洲国家进口锯材，详见表 7－44 和 7－45。

表 7－44 2018～2020 年中国自非洲进口原木来源国

单位：%

2018 年		2019 年		2020 年	
国家	占比	国家	占比	国家	占比
赤道几内亚	20.04	莫桑比克	18.78	刚果（布）	21.21
莫桑比克	14.30	刚果（布）	16.87	塞拉利昂	14.32
尼日利亚	14.07	赤道几内亚	14.98	喀麦隆	13.59
喀麦隆	12.56	喀麦隆	11.28	莫桑比克	13.49
刚果（布）	11.03	塞拉利昂	10.20	赤道几内亚	8.02

数据来源：中国海关总署。

表 7－45 2018～2020 年中国自非洲进口锯材来源国

单位：%

2018 年		2019 年		2020 年	
国家	占比	国家	占比	国家	占比
加蓬	53.04	加蓬	51.12	加蓬	51.79

2018 年		2019 年		2020 年	
国家	占比	国家	占比	国家	占比
喀麦隆	17.49	喀麦隆	15.82	喀麦隆	18.08
尼日利亚	8.53	莫桑比克	7.49	刚果（布）	9.15
莫桑比克	5.51	刚果（布）	6.75	加纳	5.93
刚果（布）	4.65	加纳	6.67	莫桑比克	3.88

数据来源：中国海关总署。

（三）中非木材贸易前景展望

中国木材人均占有率较低，对外依存度较高。根据《2020 年全球森林资源评估》（以下简称《报告》）数据，目前全球森林总面积为 40.6 亿公顷，其中中国森林面积为 2.2 亿公顷，占全球森林总面积的比重为 5.42%，而中国人口总量占全球总人口的比重为 20%，森林资源供需不匹配现象较为严重。随着国家不断出台政策要求减少对森林的开发，中国木材供给受到限制，对外依存度不断提升。并且，中国木材进口渠道单一，进口木材的安全性及稳定性存在一定的风险和挑战。

非洲森林资源丰富，显著高于世界平均水平。《报告》显示，非洲拥有全世界 17% 的森林，具备丰富的森林资源。但是，由于非洲木材加工技术薄弱，超九成的非洲木材被用于燃料，工业用原木较少。与此同时，为保护本国森林资源，越来越多的非洲国家采取了系列措施以限制或禁止原木出口，并积极倡导木材在本国进行深加工。

基于非洲拥有丰富的森林资源与低廉的劳动力，加之中国在林业技术开发以及资金等方面具备比较优势，未来中国可以进一步加大对非洲国家木材加工业的投资力度，在非洲本土进行木材深加工，从单一的木材贸易合作，向资源开发、森林可持续经营等方面合作转变，不仅可以规避日益严苛的政策禁令、发挥比较优势，还能在保障国内木材供给的同时开发新的市场，实现互利共赢。

六　小结

本部分以非洲辣椒、海鲜、鲜花、水果和木材为例,从"供给—流通—需求"三个层面就"受限"非洲农产品的供给特征与中国进口潜力展开分析。研究表明,非洲辣椒、海鲜、鲜花、水果和木材资源丰富,但是受到关税和非关税壁垒等因素的影响,中国自非进口体量较小。在中非合作论坛、中非经贸博览会和先行区等机制的有效推动下,越来越多的非洲"受限"农产品获得中国市场准入资格,如卢旺达干辣椒、肯尼亚冷冻鳄梨。

|第八章|

中国进口非洲农产品影响因素的综合分析：
挑战与机遇

一 中国进口非洲农产品的挑战

自 2009 年以来，中国虽然已连续 13 年成为非洲第一大贸易伙伴国，但是中非贸易结构不平衡，非洲国家大量赤字等问题依然突出。非洲农产品种类丰富、品质优良，但是大部分非洲农产品主要流向欧美市场，2020 年中国自非洲进口额仅为 42.56 亿美元，占中国农产品进口总额的 2.49%、非洲农产品出口总额的 4.41%，巨大贸易潜力尚未释放。究其原因，中国进口非洲农产品主要面临供给、流通、需求和安全风险四个方面的挑战，本部分将逐点展开分析。

（一）供给端面临的挑战

非洲农产品的高质量供给是供应链畅通的重要前提。非洲被认为是世界上最具潜力的农业开发地，其农产品以纯天然、无公害的绿色品质深受中国消费者喜爱。因此，如何解决非洲农产品产能不足、商品化率低以及货源渠道受阻等供给端问题是扩大中国自非进口农产品所面临的挑战。

非洲农产品生产及加工能力不足。一方面，非洲土地资源丰富、日照充足，极具农作物生长的先天优势，但其仍饱受盐渍土地、极端天气、虫害频发等自然因素的困扰，加之较为原始的耕作方式、小且分散的种植规模、匮乏的种植技术与机械设备，作物单产较低。以乌干达瓦基索地区为

158

例，一个轮作周期内，在 2 英亩的土地上仅可收获 800 公斤豆类、480 公斤玉米和 1000 公斤木薯。[①] 同时，非洲农业对援助依赖程度较高，致使农业产能的可持续性较差。[②] 例如，部分中国在非援助的农业技术示范中心在中方技术人员撤离后因缺乏资金和技术支持而无法正常运转。另一方面，非洲农产品加工能力亟须进一步提升，大部分非洲国家仍无力将低附加值的原材料加工转换为高附加值的制成品以用于出口。例如，科特迪瓦作为非洲第一大腰果生产国，其产量占非洲腰果产量的 1/3 以上，但是由于其国内加工转换率不足 10%，出口以低附加值的未去壳腰果为主。[③]

非洲农产品商品化率较低，尚未形成统一"标准品"。一方面，大多数非洲国家城镇化率很低，导致纯粹的消费群体数量不大，进一步制约了农业的商品化率，从而阻碍了非洲农业发展内循环。另一方面，非洲虽具有丰裕且优质的农产品，但规格不一、标准不一，并且未经过前期的预处理，使其难以成为可统一定价的标准品，不利于中国厂商的大批量采购。以可可为例，非洲作为全球可可的主要产区之一，因品牌控制能力欠佳且难以达到中国进口标准，中国国内企业与非洲可可厂商进行贸易洽谈的意愿始终维持在较低水平。

欧美渠道垄断导致中国难以进口非洲优质农产品。受到历史、地理等因素的长期影响，非洲大量优质农产品出口至欧美地区，进而导致非洲优质农产品货源长期被欧美等发达国家掌控。例如，非洲是全球鲜花的重要产区，作为非洲第一大和第二大鲜花生产国，肯尼亚和埃塞俄比亚的鲜花因品质优良受到国际市场的青睐，但是从其出口流向来看，非洲鲜花主要出口至荷兰、英国等欧洲国家。与此同时，作为非洲腰果第一大主产国，超两成的科特迪瓦去壳腰果流向美国。据调查，以鲜花、腰果等产品为代表的非洲优质农产品的供给渠道实则被欧美地区控制，在一定程度上致使

[①] 《非洲养活不了自己吗？》，财新网，https://other.caixin.com/2019-12-09/101492152.html。

[②] 高贵现、朱月季、周德翼：《中非农业合作的困境、地位和出路》，《中国软科学》2014 年第 1 期。

[③] 唐斌、肖皓：《"双循环"新发展格局下非洲农产品输华现状与展望》，《中国投资》（中英文）2022 年第 Z1 期。

中国获取非洲优质农产品货源的难度增大。

(二) 流通端面临的挑战

自 2000 年中非合作论坛成功举办以来,中国不断加大非洲农产品进口优惠力度,有效扩大非洲农产品进口规模。但是,部分非洲优质农产品仍然因市场准入、关税等流通问题无法顺利出口至中国。

中国对非洲农产品进口所设的市场准入门槛较高,相关产品必须通过检验检疫准入程序方可获得进口许可。当前,允许向中国出口农产品的非洲国家以及所涉及的产品种类均较少。例如,根据《首次进口需风险分析的植物源性食品及已有输华贸易的国家或地区目录》,中国首次进口需风险分析的植物源性食品共 425 种,其中涉及的非洲国家仅包括埃塞俄比亚、埃及、南非、加纳等 30 多个国家,产品也仅覆盖咖啡豆、可可豆、芝麻等 39 种;根据《获得我国检验检疫准入的新鲜水果种类及输出国家/地区名录》,在获得中国检验检疫准入的新鲜水果中,非洲出口国仅包括埃及、摩洛哥、南非和赞比亚,水果种类也只有柑橘、葡萄、椰枣、苹果和蓝莓等。根据《获得我国检验检疫准入的冷冻水果及输出国家/地区名录》,获得中国检验检疫准入的非洲冷冻水果仅包括埃及、摩洛哥和突尼斯的冷冻草莓和肯尼亚的冷冻鳄梨;为了防止地中海实蝇传入带来危险性病虫害,番茄、辣椒等部分非洲农产品被列入《中华人民共和国进境植物检疫禁止进境物名录》。为争取本国优质农产品进入中国市场,部分非洲国家已着手申请输华准入,但是囿于对中国市场准入政策的不了解和不理解,部分非洲国家申报的积极性不高,申请程序滞缓。

中国对非洲农产品所实施的进口关税普遍偏高。根据《条例》,中国除了对非洲 33 个最不发达国家 97% 的出口产品征收零关税特惠税率外,对其余非洲国家征收较高的最惠国税率、普通税率或暂定税率等,但欧美进口大部分非洲初级农产品采取更低关税率甚至零关税。以咖啡为例,中国对咖啡生豆、熟豆进口所征收的最惠国税率分别为 8%、15%,普通税率为 50%、80%,而特惠税率均为 0%。对比欧美进口关税,除了欧盟对咖啡熟豆进口征收的第三国关税税率为 7.5% 外,美国和欧盟对其余产品征收的进口关税税率普遍为0%。这意味着美国和欧盟市场相较中国拥有更低的进口关税成本。

与此同时，作为农产品流通的重要一环，中非物流体系面临以下三大挑战。其一，非洲农产品进口前端基础设施落后。进口前端物流问题是指出口国因国内基础设施落后导致产品无法在规定时间内完成装运的现象。虽然非洲自20世纪60年代独立以来就开启了工业化探索征程，但成效并不显著，迄今仍是全球工业化最为落后的地区，[①] 其中一大特点就是物流基础设施落后，体系不完善，具体表现为港口、公路、铁路等基础设施落后，整个非洲大陆缺乏完整的交通运输体系，管理运营水平较低，导致非洲出口前端物流存在障碍。《全球竞争力报告2019》公布的数据显示，撒哈拉以南非洲地区的基础设施竞争力仅为45分，相较2018年同比下降4.9%，系全球基础设施最为落后的地区。[②] 具体而言，港口方面，非洲大陆海岸线全长约3.2万公里，拥有不同规模的海港150多个，地理位置优越，拥有东海岸港口群、南非港口群、西海岸港口群和北非港口群。[③] 但是，非洲港口集装箱吞吐量低、泊位等级低且现代化水平不高，亟须提升港口建设水平。[④] 公路方面，非洲普通公路和普通高速公路的密度仅分别为世界平均水平的1/4和1/10。[⑤] 铁路方面，非洲国家铁路总里程不超过8万公里，且主要分布在东部和南部的非洲国家，存在发展速度慢、地区分布不均衡、与港口的衔接度较低且运营难度大等问题。[⑥] 航空方面，虽然非洲航空运输业在不断发展，但是设备老化、飞机陈旧、缺乏零配件、缺乏直飞航班等问题突出。[⑦] 总之，非洲较为落后的基础设施建设不仅使得非洲国家之间的货物贸

① 李智彪：《非洲工业化战略与中非工业化合作战略思考》，《西亚非洲》2016年第5期。
② World Economic Forum, "The Global Competitiveness Report 2019", October 2019.
③ 郭秀娟、申勇锋：《非洲港口发展格局及趋势分析》，《水运工程》2019年第9期。
④ 黄梅波、王晓阳：《非洲港口市场竞争环境及中非港口合作》，《开发性金融研究》2020年第5期。
⑤ 郑燕霞：《非洲基础设施建设的前景与中国因素分析》，《国际经济合作》2014年第6期。
⑥ 吴量：《非洲大陆国际物流风险防范措施》，《国际工程与劳务》2014年第6期。
⑦ 黄新民、郑丽娟：《非洲交通发展现状及前景》，《西亚非洲》2011年第8期。

易成本增加了 30%～40%，[①] 而且进一步制约了中非农产品贸易渠道的畅通。

其二，中非间航线少，频次低。首先，海洋运输是中非经贸合作最为重要的运输方式之一，但鉴于中非在地理上相距较远，加之中非双边贸易不平衡，中国与非洲开通的海运航线数量较少，通航频次较低。其次，现阶段中国内陆省份尚未形成专门的支线物流，从非洲运回的货物往往需要通过"第三地"才能运输至指定目的地。以湖南省进口木材为例，由于湖南省缺乏木材指定口岸，自非进口的木材途中需经张家港再通过内贸运输至湖南省，不仅增加了运输时长和成本，还降低了运输效率。再次，航空运输是中国开展对非经贸合作业务的重要物流方式之一，通常采用包机的方式进行。然而，中非间直航较少，且在新冠疫情的影响下停运较为频繁。最后，虽然与单一公路运输相比，多式联运可提高运输效率，减少货损货差，降低运输成本，但是仍然存在基础设施衔接不畅、枢纽场站数量少、功能弱、运输装备标准化不足、信息资源互联共享不足、多式联运信息系统及平台建设严重滞后和法规制度严重缺乏等问题，一单到底、一票结算的模式难以实现。[②]

其三，中非双向物流不匹配。具体表现为中国对非洲出口的产品以服装、鞋包、塑料制品等劳动密集型产品为主，在海运中一般选择 40 英尺集装箱。中国自非进口的商品以铁矿砂及其精矿、钻石、铜矿砂及其精矿等资源型产品为主，一般要求选择 20 英尺集装箱进行运输，由此导致回程集装箱空箱率大大增加，不仅增加了物流成本，还降低了物流效率。调研资料显示，无论是 20 英尺集装箱还是 40 英尺集装箱，从中国发往非洲的运费一般是从非洲运往中国运费的 1.5～2 倍。

（三）需求端面临的挑战

在"双循环"新发展格局下，国内市场的消费潜力对扩大非洲农产品

---

① "Why Infrastructure Development in Africa Matters", United Nations Africa Renewal, https://www.un.org/africarenewal/web-features/why-infrastructure-development-africa-matters.

② 《提升多式联运效率需破五大障碍》，中国国际贸易促进委员会网，http://www.ccpit.org/Contents/Channel_4124/2018/0316/978072/content_978072.htm.

进口的影响和意义重大。尤其中国正处于消费升级阶段，消费者对非洲盛产的优质咖啡、可可、腰果等产品的需求与日俱增。但是，现阶段无论在实体店还是线上购物平台，可供选购的非洲优质农产品较少。综合来看，扩大非洲农产品进口在需求端主要存在以下两大挑战。

第一，非洲农产品认知度较低。中国消费者对非洲的真实状况缺乏了解，容易将非洲与贫穷落后、疾病灾难等联系在一起，产生认知偏差；同时，中国对非洲农产品的贸易尚处于初级阶段，在贸易品类以及数量等方面尚未形成一定规模，大部分国内市场消费者对非洲农产品并不熟悉。尽管有一些非洲农产品以直接或间接的方式进入中国市场，如咖啡、可可、腰果、柑橘、葡萄柚等，但在调研中发现大部分消费者并不了解这些产品的实际来源地，更不了解非洲农产品所具备的纯天然品质特征，如南非红酒、肯尼亚鲜花等国际知名的优质农产品。消费者对非洲产品认知不足会压低非洲优质农产品的价格，导致国内进口和消费非洲农产品的动力不足。

第二，非洲农产品品牌效应较差且营销模式单一。首先，非洲咖啡豆、可可、腰果、干辣椒等高品质产品尚未形成从品质到品牌的跨越，在较短时间内无法像比利时的巧克力、荷兰奶粉等产品形成产地和商品黏合之后的品牌效应。品牌效应的缺失也就意味着缺乏适当的"利润"加价，不利于市场长期发育。其次，中国对非洲农产品进口的营销模式较为单一，尚未形成完善的营销体系。由于自身营销能力不足以及对非洲农产品的重视不足，国内经销商未能突出非洲具备比较优势的农产品在供应链上的优势地位；同时针对性的宣传力度不足致使非洲农产品难以进入国内主流消费链。

（四）安全风险端面临的挑战

农产品进口安全风险是指阻碍农产品进口的不确定性要素。学术界现有关于农产品安全的研究大多聚焦在供应链安全。一般而言，农产品供应链涉及商流、物流、信息流、资金流和政府政策五个方面，所涵盖的安全风险可归纳为自然灾害、动物疫病、公共卫生事件、社会安全事件、物流阻塞、网络崩溃、金融危机和政策干预八类。[①] 基于此，本部分结合非洲安全形势以及中国自非进口农产品特征，将上述风险进一步归纳为"内部风险"和"外部风险"。

内部风险是指在非洲本土发生的且对农产品供给与流通造成威胁的不确定性因素。具体而言，内部风险包括以下四个方面。一是非洲自然灾害频发，素有"非旱即涝"的特征，加之非洲猪瘟、蝗灾等蔓延，直接对农产品的生产造成威胁，表现为产量骤降与价格提升，影响农业的健康发展。二是地区冲突频发或加剧非洲地区的饥饿和贫困，致使非洲农产品产能下降。第二次世界大战后，非洲已成为受地区冲突影响最大的地区，[②] 地区冲突发生频率加快且强度增强，[③] 严重阻碍了农产品的正常流通，影响农产品的国内消费与出口。三是非洲国家政权更迭频繁致使其对外贸易政策不稳定。非洲国家政权更迭频繁导致政策法律变动频繁，加之执政党政策的延续性差，不利于中国与非洲发展稳定的经贸关系。尤其在农产品出口方面，由于非洲尚未解决贫困与饥饿问题，部分非洲国家对农产品出口采取严格的管制措施。例如，南非为保护本国农业发展，早在 1990 年制定的《农产品标准法》（1990 年第 119 号法）中就规定农业部长掌握南非的农产品标准以及其出口管制的权力。[④] 在此背景下，倘若农产品出口政策时常发生不确定性变动，无疑会削弱中国自非进口农产品的动力。四是非洲债务风险严峻致使其经济发展易受到外部因素的影响，[⑤] 包括国际商品价格下跌、货币贬值等，不利于中国扩大非洲农产品进口规模。

外部风险相较于内部风险而言，主要强调发生在非洲本土之外的且对农产品在国际市场流通造成阻碍的一切制约因素。具体来看，非洲农产品

① 张喜才：《农产品供应链安全风险及应对机制研究》，《农业经济问题》2022 年第 2 期。
② Manotas-Hidalgo Beatriz, Perez-Sebastian Fidel, Angel Campo-Bescos Miguel, "The Role of Ethnic Characteristics in the Effect of Income Shocks on Africa Conflict", *World Development*, Vol. 137, 2020.
③ UCDP 数据库，https://ucdp. uu. se/。
④ 洪永红、杨千藜：《从南非进口非资源类产品必读的五部法律》，《中国投资》（中英文）2021 年第 Z1 期。
⑤ 周玉渊：《非洲债务问题的真相与出路》，《世界知识》2021 年第 7 期。

进口的外部安全风险主要包括以下三个方面。一是以新冠疫情为代表的全球卫生事件冲击对中国自非农产品进口所造成的不利影响。自新冠疫情在非洲传播以来，为保障人民安全，遏制疫情蔓延，非洲国家采取了一系列措施，对非洲农业产业链造成一定打击，已出现农用生产物资转运不畅、农产品滞留港口等情况。[1] 二是非洲逐渐成为大国博弈的主战场，非洲优质农产品的供给和流通渠道被欧美严重垄断。由于非洲资源丰富，加之经济发展潜力巨大，非洲在国际社会中的战略地位大幅提升，"重返非洲"已经成为一些域外大国的国策。[2] 结合上文分析，部分非洲优质农产品的货源渠道实则已被欧美等发达国家垄断，致使中国获取优质农产品货源的难度较大。三是国际物流阻塞制约了农产品的正常流通。以 2020 年苏伊士运河大堵船为例，此次突发性的物流阻塞对非洲乃至全球货物的供应链造成了巨大的影响，给相关贸易经济带来巨大损失。据统计，影响全球粮食安全有至关重要的 14 个"阻塞点"，任何一个或多个阻塞点出现严重中断，必然引发供应短缺和价格飞涨，其系统性后果不会仅仅止步于粮食市场。[3]

二　中国进口非洲农产品的机遇

2021 年 11 月 26 日，国务院新闻办公室发表《新时代的中非合作》白皮书，指出助力非洲农业发展已成为促进中非经济合作的重要动能。为更好地促进中非农业合作，助力中非经贸关系迈上新台阶，本部分在分析非洲农产品进口挑战的基础之上，就中国进口非洲农产品存在的机遇进行探析。

（一）供给端存在的机遇

第一，中非农业产能合作提升非洲农产品产能。中非农业产能合作主

---

[1]《新冠疫情下，非洲粮食安全面临窘境》，澎湃新闻，https：//www.thepaper.cn/newsDetail_forward_6859598。

[2]《非洲已成为大国博弈新热点，为何美军要撤离？》，澎湃新闻，https：//www.thepaper.cn/newsDetail_forward_5358686。

[3] 张喜才：《农产品供应链安全风险及应对机制研究》，《农业经济问题》2022 年第 2 期。

要包括农产品贸易、农业投资、农业产业园建设、农业技术推广以及农业技术人才培育等方式。加大中非农业产能合作力度既能发挥中国在农业生产与技术研发等方面的比较优势，又能有效提升非洲农产品的生产加工能力，不仅能带动其本土就业，还能扩大农产品出口规模，加速创汇。事实上，中国拥有上千年的耕种经验和育种经验，在耕作技术和灌溉技术方面具备独特优势，拥有世界领先水平的杂交技术、无土化栽培技术和土壤改良技术，对提升非洲农业的生产效率和土地产出都能起到关键性作用。[1] 截至 2020 年底，中国在非农业投资企业超 200 家，涉及非洲国家共 35 个，投资存量达 11.1 亿美元，投资范围涵盖种植、养殖和农产品加工等各产业。[2]

第二，以"中国标准"赋能非洲农产品制造。对于农产品而言，标准是核心竞争力。作为全球最大的农产品生产和消费国家，中国不断加强农产品标准体系建设。2014 年商务部等 13 部门发布《关于进一步加强农产品市场体系建设的指导意见》，明确提出"提升流通标准化水平"；[3] 与此同时，农业部发布《特色农产品区域布局规划（2013～2020 年)》，要求建设中国特色农产品标准体系。在此背景下，中国不断加强同非洲国家在标准化领域的交流与合作，使中国标准走入非洲，在促进标准互认的同时能有效提升非洲农产品竞争力。[4] 随着中国农产品标准体系不断健全与完善，已涉及基础标准体系、产品标准体系、技术标准体系、方法标准体系、管理标准体系、品牌标准体系六个方面，[5] 无疑为中国标准加速在非传播提供了坚实的保障。

---

[1] 陈弘、文春晖：《中非农业产能合作的战略意义、环境条件和政策支撑》，《湖南农业大学学报》（社会科学版）2020 年第 6 期。

[2] 《新时代的中国国际发展合作》白皮书（全文），中华人民共和国国务院新闻办公室，http：//www.scio.gov.cn/zfbps/32832/Document/1696685/1696685.htm。

[3] 《商务部等 13 部门关于进一步加强农产品市场体系建设的指导意见》，中华人民共和国商务部，http：//www.mofcom.gov.cn/article/zcfb/zcgfxwj/202108/20210803186423.shtml。

[4] 《开展非洲国家标准化援外培训 以"中国标准"赋能"非洲制造"》，国家市场监督管理总局，https：//www.samr.gov.cn/xw/sj/202109/t20210930_335270.html。

[5] 《我国特色农产品标准体系建设研究》，中国标准研究院，https：//www.cnis.ac.cn/bydt/kydt/202101/t20210125_51039.html。

（二）流通端存在的机遇

第一，贸易便利化水平提升为中国扩大非洲农产品进口拓宽路径。自加入 WTO 以来，中国全面履行入世承诺，2010 年有关降税承诺履行完毕，所有商品的平均进口关税水平从 2001 年的 15.3% 降至 2010 年的 9.8%，于 2021 年降至 7.4%。[①] 其中，在对非贸易便利化方面，中国积极开展相关工作，不断畅通自非农产品进口通道，为国内进口和消费带来诸多便利。相关的主要工作包括：一是自 2005 年以来中国陆续扩大对非洲最不发达国家实施特惠税率的范围。《条例》显示，中国已对非洲 33 个最不发达国家 97% 的进口产品提供零关税待遇；二是不断放宽非洲优质农产品的市场准入门槛，代表性产品包括卢旺达干辣椒、南非鲜柑橘、赞比亚鲜蓝莓等；三是已与毛里求斯签署自由贸易协定，其中在货物贸易领域，中国和毛里求斯最终实现零关税的产品税目占比分别达到 96.3% 和 94.2%，占自对方进口总额的比例均为 92.8%。[②]

第二，湖南自贸试验区为非洲农产品进口提供"试验改革"机遇。2020 年 9 月，湖南自贸试验区获批，提出"建设非洲在华非资源性产品集散和交易中心""积极探索开展中非易货贸易"等多项改革事宜，旨在破解中非经贸机制的深层次问题，是在"南南合作"框架下结合世情、国情、省情的创新之举，[③] 为进口非洲农产品提供诸多便利。2022 年 7 月，"2022 年非洲国家驻华使节走进中非经贸深度合作先行区"配套活动"非洲农产品进口论坛"为非洲驻华使节推广本国优质农产品搭建了优质平台，为中非农产品行业代表提供了畅通、务实的信息交流机会，将促进中非企业在

---

① 《商务部：中国进口关税总水平已降至 7.4%》，人民网，http://finance.people.com.cn/n1/2021/1209/c1004 - 32303967.html。

② 《中国与毛里求斯签署自由贸易协定》，中华人民共和国商务部，http://www.mofcom.gov.cn/article/ae/ai/201910/20191002905159.shtml。

③ 肖皓：《建好中非经贸深度合作先行区 共享中非经贸发展繁荣》，《湖南日报》（理论智库版）2020 年 9 月 30 日。

更大范围、更高层次上开展合作。①

第三，以中非基础设施合作破解非洲农产品出口物流前端困境。基础设施互联互通是"一带一路"建设的优先领域，也是提高贸易便利化水平、建设高标准自由贸易网络的重要依托。② 为推进"2063 年愿景"，推动非洲一体化和工业化进程，非洲在基础设施建设方面有着巨大的需求，同时也存在投融资缺口。改革开放以来，中国在基础设施建设方面成绩斐然，拥有强大的基础设施建设能力、技术和经验，同时以亚洲基础设施投资银行为代表的金融体系能够在对外经济合作方面提供强有力的资金支持。③ 作为非洲国家基础设施建设第一大承建方和融资方，中国对非洲基础设施建设基础扎实，未来针对非洲需求与中非经贸合作需要进一步加大对非基础设施投融资力度，无疑有利于解决物流前端问题，以畅通中国自非进口农产品通道。

第四，中非物流体系建设释放中非农产品物流合作新机遇。针对中非航线少且频次低这一问题，在拥有较为成熟的海陆空运输体系的基础上，中国在丰富对非直航、增加运输频次等方面下足功夫，致力于提升中非货运能力。与此同时，为消除因全球新冠疫情对国际物流运输所造成的阻碍，2021 年 3 月，中非民间商会成立中非物流合作工作委员会，主要在促进供应链畅通、协调保障运输、服务全球网络、稳定合作共赢等领域开展工作，不仅增强了企业对非物流投资的信心，通过平台搭建与资源整合，还为上下游企业在物流领域合作提供了种种便利，实现优势互补。此外，为提升运输效率，中国正在建设现代物流体系，加快建立安全可靠的国际物流供应链体系。《中共中央关于制定国民经济和社会发展第十四个五年规划和二〇三五年远景目标的建议》强调健全现代流通体系，发展无接触交易服务，降低企业流通成本；④ 交通

---

① 《非洲农产品进口论坛在长沙召开 为中非农产品合作注入新动能》，华声新闻，https://hunan. voc. com. cn/article/202207/202207290925037864. html。
② 董雪兵：《推进一带一路基础设施互联互通（新知新觉）》，《人民日报》2017 年 5 月 11 日。
③ 周泽昊：《中国与"一带一路"国家基础设施建设合作现状、意义及前景》，《商讯》2019 年第 5 期。
④ 《中共中央关于制定国民经济和社会发展第十四个五年规划和二〇三五年远景目标的建议》，中华人民共和国中央人民政府，http://www. gov. cn/xinwen/2020 - 11/03/content_5556991. htm。

运输部印发的《综合运输服务"十四五"发展规划》指出加快构建"全球123 快货物流圈"，完善现代国际物流供应链体系。[①] 农产品因其特殊性，需要在运输过程中对时间、温度等指标进行精准把控，对物流的运输方式以及技术的要求也尤为严格。在中非物流体系日趋完善与政策红利不断释放的背景下，保障非洲农产品安全、高效出口至中国实则为中非物流企业合作与发展带来了新的机遇。

（三）需求端存在的机遇

第一，培育非洲农产品品牌并完善营销体系。注重农产品品牌建设不仅有助于提升农产品的核心竞争力，还能增加农产品销量。随着越来越多的非洲农产品进入中国市场，打造非洲农产品品牌、提升品牌知名度对其在中国高效流通意义重大。目前中国在打造农产品品牌，提升农业质量效益方面经验丰富，正在实施农业生产"三品一标"[②] 提升行动，推进品种培优、品质提升、品牌打造和标准化生产，引领农业绿色发展，提升农业质量效益和竞争力。因此，将中国在农产品品牌建设方面的经验复制推广至非洲农产品上有利于培育非洲农产品在华特色品牌，提升进口企业的经营效益。与此同时，在营销体系建设方面，中国农产品营销市场发展迅速，营销体系初具规模，基本形成了以批发为主、零售市场和超市为辅的大流通格局。在此基础之上，针对非洲农产品特征构建营销网络体系大有可为。

第二，借力中非经贸合作平台加大对非洲农产品的宣传力度。为加大对非洲优质农产品的宣传力度，让国内消费者"零距离"感受并体验非洲农产品，越来越多具备非洲特色的农产品借助中非经贸合作平台步入消费者的视野。例如，湖南省通过充分发挥中非经贸博览会、湖南自贸试验区、先行区三大国家级开放平台优势，先后打造非洲咖啡街、可可营销中心，在第二届中非经贸博览会上推介卢旺达辣椒产品，相关产品获得消费者的高度认可和喜爱，企业也由此获得可观收益。因此，发挥平台优势进一步

---

① 《综合运输服务"十四五"发展规划》，中华人民共和国交通运输部，https://xxgk.mot.gov.cn/2020/jigou/ysfws/202111/t20211118_3626733.html。

② "三品一标"是指无公害农产品、绿色食品、有机农产品和农产品地理标志。

加大对非洲农产品的宣传,无论对企业还是对消费者而言都是一种机遇。

(四) 其他机遇

第一,以援助化解非洲农产品出口风险。非洲是中国对外援助的主要区域和重点区域,中国对非援助共涵盖 53 个非洲国家,涉及农业发展与粮食安全、医疗、防灾减灾等领域。[①] 其中,在农业发展与粮食安全方面,中国因地制宜帮助非洲国家加快农业发展,实现粮食自给、保障粮食安全,主要工作包括向非洲国家派遣农业技术专家组、在非洲援建农业技术示范中心、开展中非科研机构"10 + 10"合作、支持非洲农业产业链发展等。在医疗方面,自 1963 年中国派遣首支援非医疗小组以来,中国累计派遣2.43 万名医护人员前往非洲支援医疗建设,为 2 亿多人次非洲人民提供了医疗服务,为当地培训了数以万计的医护人员。[②] 与此同时,习近平主席在第八届中非合作论坛开幕式上提出"九项工程"中的第一条就是"卫生健康工程",强调中国将再向非方提供 6 亿剂无偿援助疫苗的同时还将为非洲国家援助实施 10 个医疗卫生项目,向非洲派遣 1500 名医疗队员和公共卫生专家。[③] 在防灾减灾方面,21 世纪以来"救灾"援助一直是中国对非援助的重要内容之一,救灾的领域涉及地震、干旱、饥荒等,从长远上有效帮助受援国增强灾害防控能力与治理水平。[④] 综上所述,中国对非援助在有效增强非洲国家灾害防控能力的同时也提升了其农产品产能。随着中国对非援助规模的不断扩大,无疑将进一步促进非洲农产品的生产与出口。

第二,中非贸易新模式新业态破解中非贸易难题。随着中国自非农产品进口规模不断扩大,针对非洲实情而产生的跨境电商、易货贸易、跨境人民币结算等新模式新业态从源头上有效解决了非洲外汇短缺、汇率波动

[①] 《新时代的中国国际发展合作》白皮书 (全文),中华人民共和国国务院新闻办公室,http://www. scio. gov. cn/zfbps/32832/Document/1696685/1696685. htm。

[②] 《同非洲兄弟姐妹坚定站在一起——抗击疫情离不开命运共同体意识》,《人民日报》2020年 6 月 17 日。

[③] 《习近平在中非合作论坛第八届部长级会议开幕式上的主旨演讲 (全文)》,中华人民共和国中央人民政府,http://www. gov. cn/xinwen/2021 – 11/29/content_5654846. htm。

[④] 闫红果:《21 世纪以来中国对非洲的"救灾援助"》,《印度洋经济体研究》2020 年第 3 期。

幅度较大等问题，提高了中国企业进口的积极性，有利于加速非洲优质农产品进口。具体来看，一是中非电子商务蓬勃发展，"丝路电商"合作不断推进，中国已与卢旺达建立电子商务合作机制，非洲优质特色农产品可通过电子商务直接对接中国市场。① 二是易货贸易成为扩大中非贸易往来的新探索。2021 年 7 月，湖南省跨境易货贸易首单试单通关，2022 年 1 月中非易货贸易服务平台上线，"易货贸易"涉非面积正在逐步扩大。三是跨境人民币结算在非使用能有效为中非货币汇率风险管控提供金融保障。2020 年 7 月，中非跨境人民币中心在湖南工商银行挂牌成立，2022 年 6 月，全国首笔肯尼亚先令汇至中国并兑换人民币，在中非跨境人民币中心实现新突破。

三　小结

扩大非洲农产品进口与建设"绿色通道"是中非合作"八大行动""九项工程"的重要举措。现阶段，中国自非进口农产品既存在非洲农产品供给能力不足、优质货源渠道被欧美垄断、关税与非关税壁垒较高、品牌认知度低、营销模式单一、内外部风险加剧等挑战，也面临中非产能合作正在不断升级、贸易便利化水平持续提升、物流营销体系稳步完善等机遇。

站在百年未有之大变局的十字路口，中国应紧扣"双循环"新发展格局，从中非各自优势出发，针对现有的体制机制障碍，从差异中促进互利，从不足中寻找机会，从共赢中实现可持续，切实推动非洲大宗农产品进口上台阶，"间接"农产品进口更直接，"受限"农产品进口能进入，系统发力非洲农产品供给能力、对非贸易政策、中非物流成本、非洲农产品议价能力等，不断推进中非农业产业链、供应链合作走心、走实、走深、走远。

近年来，湖南省一直致力于打造非洲非资源性产品集散交易加工中心，将其作为贯彻落实习近平总书记关于"建立对非经贸合作交流长效机制"的重要指示精神的重要抓手，不断探索实践，率先实现了卢旺达干辣椒等

---

① 《新时代的中国国际发展合作》白皮书（全文），中华人民共和国国务院新闻办公室，http://www.scio.gov.cn/zfbps/32832/Document/1696685/1696685.htm。

进口；试点了"湖南建材"换"南非西柚"的易货贸易，举办了首届中非食品和农产品合作论坛，在中非经贸合作创新示范园打造了咖啡、可可等农产品产业链，已经成为扩大对非农产品进口和"绿色通道"建设的排头兵。随着"中非经贸深度合作先行区"纳入中非合作"九项工程"，湖南省正在不断争取更多的改革试点，以推动更多非洲优质农产品更加便捷地走进中国市场，谋划建设大豆、花生、橄榄油、香料等非洲非资源性产品进口产业链，持续打造成为中国对非农产品进口和加工中心。

作为中国农业强省、对非农业援助大省，湖南省与非洲在农业产业链、供应链合作方面还有很多拓展空间。例如，在供给层面，深化农业产能合作，提炼并推广以袁氏种业等为代表的对非农业合作企业的经验和模式；按照"中国农产品进口标准"，增加对非洲农产品初加工的投资，探索"援助＋农产品＋农机＋农业服务"联合走出去新模式；发布中非经贸深度合作农业企业百强榜，提升对非农业合作企业参与度和积极性等。在流通层面，参照海南省自贸试验区政策，对部分自非大宗进口农产品加工增值免关税；设立对非农产品进口特区，实现特定农产品快速检验检疫和通关；利用中非易货贸易平台或中非跨境人民币结算中心等新机制，持续发挥湘非综合物流的规模经济效应，将更多大宗非洲农产品"低"成本进口到中国。在需求层面，抓住消费升级和品牌重构的机遇，着力发挥"长沙网红"名片力量，持续完善非洲农产品营销推广体系建设，重点打造"非洲元素"的农产品品牌等。

可以预期，在中非各级政府、企业、金融机构等通力合作下，扩大对非农产品进口和建设"绿色通道"势必成为夯实非洲农业基础、加速非洲农业产业化进程、提高非洲农业人口收入，多元化中国农产品进口来源渠道，提升中国居民福利水平的重要推力，谱写讲好中非合作故事的重要篇章。

主要参考文献

（一）中文文献

〔印度〕阿马蒂亚·森:《贫困与饥荒》,王宇、王文玉译,商务印书馆,2001。

别诗杰、祁春节:《中国与"一带一路"国家农产品贸易的竞争性与互补性研究》,《中国农业资源与区划》2019年第11期。

〔瑞典〕伯尔蒂尔·奥林:《地区间贸易和国际贸易》,王继祖等译,商务印书馆,1986。

陈弘、文春晖:《中非农业产能合作的战略意义、环境条件和政策支撑》,《湖南农业大学学报》(社会科学版) 2020年第6期。

陈晓红:《"非洲增长与机遇法案"对黑非洲国家贸易和投资的影响——以斯威士兰和莱索托为例》,《西亚非洲》2006年第4期。

程国强、刘合光:《多哈农业谈判:取消出口补贴的影响分析》,《管理世界》2006年第7期。

董立、高奇正:《贸易便利化、邻国效应与双边农产品出口——基于中国及周边国家空间模型的经验研究》,《世界农业》2020年第4期。

董雪兵:《推进一带一路基础设施互联互通》,《人民日报》2017年5月11日。

高贵现、周德翼:《免关税政策对中非贸易的影响分析及启示——基于免关税农产品的面板数据分析》,《国际经贸探索》2014年第4期。

高贵现、朱月季、周德翼:《中非农业合作的困境、地位和出路》,《中国软科学》2014年第1期。

耿建忠：《对非农业投资的历史逻辑、现实逻辑与路径选择》，《中国投资》
（中英文）2022 年第 Z2 期。

官同瑶、辛贤、潘文卿：《贸易壁垒变动对中国—东盟农产品贸易的影响——
基于边境效应的测算及分解》，《中国农村经济》2012 年第 2 期。

顾善松、张蕙杰、赵将、陈天金、翟琳：《新冠肺炎疫情下的全球农产品市
场与贸易变化：问题与对策》，《世界农业》2021 年第 1 期。

顾学明：《总结"一带一路"经贸合作成果 推动"一带一路"建设行稳致
远——〈中国"一带一路"贸易投资发展研究报告〉介绍》，《中国外
资》2018 年第 19 期。

郭秀娟、申勇锋：《非洲港口发展格局及趋势分析》，《水运工程》2019 年
第 9 期。

郭羽诞：《国际贸易学》，上海财经大学出版社，2014。

何敏、张宁宁、黄泽群：《中国与"一带一路"国家农产品贸易竞争性和互
补性分析》，《农业经济问题》2016 年第 11 期。

洪永红、杨千蓁：《从南非进口非资源类产品必读的五部法律》，《中国投
资》（中英文）2021 年第 Z1 期。

胡超：《中国—东盟自贸区进口通关时间的贸易效应及比较研究——基于不
同时间密集型农产品的实证》，《国际贸易问题》2014 年第 8 期。

黄梅波、刘斯润：《非洲经济发展模式及其转型——结构经济学视角的分
析》，《国际经济合作》2014 年第 3 期。

黄梅波、王晓阳：《非洲港口市场竞争环境及中非港口合作》，《开发性金融
研究》2020 年第 5 期。

黄婷婷、周月桂：《中非经贸合作，湖南先行先试》，《湖南日报》2022 年 4
月 3 日。

黄新民、郑丽娟：《非洲交通发展现状及前景》，《西亚非洲》2011 年第
8 期。

黄祖辉、刘东英：《我国农产品物流体系建设与制度分析》，《农业经济问
题》2005 年第 4 期。

赖明勇：《办好中非经贸博览会 为打造中非命运共同体贡献湖南力量》，《湖南日报》（理论智库版）2019 年 6 月 18 日。

李秉龙、薛兴利：《农业经济学》，中国农业大学出版社，2015。

李董林、焦点、李春顶：《入世 20 年与中国农业贸易发展变迁》，《世界农业》2022 年第 6 期。

李昊、黄季焜：《中非农产品贸易：发展现状及影响因素实证研究》，《经济问题探索》2016 年第 4 期。

李明、喻妍、许月艳、李崇光：《中国出口 RCEP 成员国农产品贸易效率及潜力——基于随机前沿引力模型的分析》，《世界农业》2021 年第 8 期。

李先德、孙致陆、贾伟、曹芳芳、陈秋分、袁龙江：《新冠肺炎疫情对全球农产品市场与贸易的影响及对策建议》，《农业经济问题》2020 年第 8 期。

李小云、陈刚：《中国农业发展经验示范非洲》，《中国投资》2017 年第 6 期。

李小云、李嘉毓、徐进：《非洲农业：全球化语境下的困境与前景》，《国际经济评论》2020 年第 5 期。

李新烽、李玉洁：《冲突框架与中立转向：2002～2016 年 BBC 中非关系报道分析》，《新闻与传播研究》2018 年第 3 期。

李秀峰、徐晓刚、刘利亚：《南美洲和非洲的农业资源及其开发》，《中国农业科技导报》2008 年第 2 期。

李岩、杨颖红、刘晖：《新冠疫情背景下中非农业合作的思考》，《农业经济》2020 年第 10 期。

李智彪：《非洲工业化战略与中非工业化合作战略思考》，《西亚非洲》2016 年第 5 期。

林涛、黄银锻：《"一带一路"背景下中印农产品贸易关系分析》，《亚太经济》2020 年第 3 期。

刘秉镰、林坦：《国际多式联运发展趋势及我国的对策研究》，《中国流通经济》2009 年第 12 期。

刘宏曼、王梦醒：《贸易便利化对农产品贸易成本的影响——基于中国与

"一带一路"沿线国家的经验证据》,《经济问题探索》2018年第7期。

刘林青、周潞:《非洲农产品的国际竞争力及与中国贸易互补性分析》,《国际贸易问题》2010年第4期。

刘伟才:《殖民统治与非洲经济的被动转型》,《中国投资》(中英文)2021年第Z7期。

陆继亮:《世界花卉产销现状及发展趋势》,《现代园艺》2020年第23期。

吕建兴、王艺、张少华:《FTA能缓解成员国对华贸易摩擦吗?——基于GTA国家—产品层面的证据》,《数量经济技术经济研究》2021年第5期。

栾一博、曹桂英、史培军:《中非农产品贸易强度及其国际地位演变分析》,《世界地理研究》2019年第4期。

马俊乐、齐顾波、于浩淼:《中国对非洲农业援助的理念和实践创新》,《世界农业》2019年第7期。

农业农村部国际合作司、农业农村部农业贸易促进中心:《2021中国农产品贸易发展报告》,中国农业出版社,2021。

农业农村部国际合作司、农业农村部农业贸易促进中心:《中国农业对外投资数据汇编2020》,中国农业出版社,2020。

施海波:《土地禀赋、政策支持对我国农业经营规模变化的影响研究》,安徽农业大学博士学位论文,2018。

舒运国:《非洲永远失去工业化的机会吗?》,《西亚非洲》2016年第4期。

孙东升、苏静萱、李宁辉、张琳:《中美贸易摩擦对中美农产品贸易结构的影响研究》,《农业经济问题》2021年第1期。

孙林、倪卡卡:《东盟贸易便利化对中国农产品出口影响及国际比较——基于面板数据模型的实证分析》,《国际贸易问题》2013年第4期。

孙致陆、李先德:《经济全球化背景下中国与印度农产品贸易发展研究——基于贸易互补性、竞争性和增长潜力的实证分析》,《国际贸易问题》2013年第12期。

唐斌、肖皓:《"双循环"新发展格局下非洲农产品输华现状与展望》,《中国投资》（中英文）2022 年第 Z1 期。

唐丽霞：《心有余力不足——非洲国家农业支持能力》，《中国投资》（中英文）2020 年第 Z4 期。

田伊霖、武芳：《推进中非贸易高质量发展的思考——2018 年中非贸易状况分析及政策建议》，《国际贸易》2019 年第 6 期。

《同非洲兄弟姐妹坚定站在一起——抗击疫情离不开命运共同体意识》，《人民日报》2020 年 6 月 17 日。

万金：《中国农产品贸易比较优势动态研究》，华中农业大学博士学位论文，2012。

王晰：《农产品贸易与新新贸易理论：文献述评》，《当代经济管理》2018 年第 5 期。

温思美：《农产品国际贸易》，中国农业出版社，2011。

吴量：《非洲大陆国际物流风险防范措施》，《国际工程与劳务》2014 年第 6 期。

肖皓：《创新经贸人才培养体系 助力中非经贸长期发展》，《湖南日报》（理论智库版）2019 年 6 月 18 日。

肖皓：《建好中非经贸深度合作先行区 共享中非经贸发展繁荣》，《湖南日报》（理论智库版）2020 年 9 月 30 日。

肖丽：《非洲天然橡胶种植生产现状与趋势》，《农业开发与装备》2013 年第 11 期。

谢杰、刘学智：《直接影响与空间外溢：中国对非洲农业贸易的多边阻力识别》，《财贸经济》2016 年第 1 期。

许和连：《借博览会春风，挖掘中非经贸潜力》，《湖南日报》（理论智库版）2019 年 6 月 18 日。

许和连、肖皓：《打造新发展格局下对非经贸合作的"湖南样板"》，《湖南日报》（理论智库版）2021 年 9 月 16 日。

许和连：《以中非经贸博览会为契机 助推湖南全方位开放崛起》，《新湘评论》2019 年第 14 期。

许志瑜:《中国与非洲农业合作战略研究》,《国际经济合作》2014年第
　　12期。

〔英国〕亚当·斯密:《国民财富的性质和原因的研究》(下卷),郭大力、
　　王亚南译,商务印书馆,1974。

闫红果:《21世纪以来中国对非洲的"救灾援助"》,《印度洋经济体研究》
　　2020年第3期。

阎虹戎、张小鹿、黄梅波:《互利共赢:中国对外援助与受援国出口能力提
　　升》,《世界经济研究》2020年第3期。

杨笛、熊伟、许吟隆:《气候变化对非洲水资源和农业的影响》,《中国农业
　　气象》2016年第3期。

杨静、陈晓梅:《中国与非洲农产品贸易的特点与发展潜力》,《世界农业》
　　2018年第9期。

杨军、董婉璐、崔琦:《中非农产品贸易在1992～2017年变化特征分析及政
　　策建议》,《农林经济管理学报》2019年第3期。

杨文倩、杨军、王晓兵:《中非农产品贸易国别变化时空分析》,《地理研
　　究》2013年第7期。

杨扬、袁媛、李杰梅:《基于HACCP的生鲜农产品国际冷链物流质量控制
　　体系研究——以云南省蔬菜出口泰国为例》,《北京交通大学学报》(社
　　会科学版)2016年第2期。

杨颖红、李海峰、李岩:《中非农产品贸易效率与贸易潜力研究——基于中
　　非农产品贸易数据的再实证》,《新疆财经》2022年第3期。

姚桂梅:《非洲农业危机的根源》,《西亚非洲》2002年第3期。

叶前林、翟亚超、何维达:《中非农业合作的历史发展特征、经验及挑战》,
　　《国际贸易》2019年第10期。

尹伟华:《中美农业双边贸易分解和潜力分析》,《上海经济研究》2019年
　　第8期。

张晨、秦路:《我国农业援助项目可持续发展的路径分析与对策建议——以
　　援非农业技术示范中心为例》,《国际经济合作》2018年第12期。

张海森、谢杰:《中国—非洲农产品贸易的决定因素与潜力——基于引力模型的实证研究》,《国际贸易问题》2011年第3期。

张宏明、安春英:《非洲发展报告No.23(2020~2021)》,社会科学文献出版社,2021。

张恪渝、刘崇献、周玲玲:《中美贸易摩擦对我国农产品贸易增加值的影响效应》,《上海经济研究》2020年第7期。

张喜才:《农产品供应链安全风险及应对机制研究》,《农业经济问题》2022年第2期。

张亚斌:《以高端特色智库助力中非经贸合作高质量发展》,《湖南日报》(理论智库版)2019年6月18日。

张玉娥、曹历娟、魏艳骄:《农产品贸易研究中农产品范围的界定和分类》,《世界农业》2016年第5期。

赵雨霖、林光华:《中国与东盟10国双边农产品贸易流量与贸易潜力的分析——基于贸易引力模型的研究》,《国际贸易问题》2008年第12期。

郑燕霞:《非洲基础设施建设的前景与中国因素分析》,《国际经济合作》2014年第6期。

《中国发展对世界经济的影响》课题组、赵晋平、胡江云、赵福军:《中国发展对世界经济的影响》,《管理世界》2014年第10期。

周玉渊:《非洲债务问题的真相与出路》,《世界知识》2021年第7期。

周跃雪:《"一带一路"农产品贸易便利化及其制度建设对策》,《农村经济》2018年第7期。

周泽昊:《中国与"一带一路"国家基础设施建设合作现状、意义及前景》,《商讯》2019年第5期。

朱月季、高贵现、周德翼:《中非农业合作模式研究》,《经济纵横》2015年第1期。

祝志勇、崔凌瑜:《中国同"一带一路"沿线国家农产品贸易推进策略》,《理论探讨》2021年第6期。

（二）英文文献

Adom, Philip Kofi, Samuel Adams, "Decomposition of Technical Efficiency in Agricultural Production in Africa into Transient and Persistent Technical Efficiency under Heterogeneous Technologies", *World Development*, Vol. 129, 2020.

Akpoti, Komlavi et al., "Climate Change-Induced Reduction in Agricultural Land Suitability of West-Africa's Inland Valley Landscapes", *Agricultural Systems*, Vol. 200, 2022.

Anderson, Kym, Ernesto Valenzuela, "What Impact Are Subsidies and Trade Barriers Abroad Having on Australasian and Brazilian Agriculture?", *Australian Journal of Agricultural and Resource Economics*, Vol. 65, No. 2, 2021.

Bekun, Festus Victor, Seyi Saint Akadiri, "Poverty and Agriculture in Southern Africa Revisited: A Panel Causality Perspective", *Sage Open*, Vol. 9, No. 1, 2019.

Berge, Simon T. et al., "Cooperative Development: Sustainability Agricultural Planning Viewed Through Cooperative Equilibrium Management Theory in Togo, Africa", *Frontiers in Sustainable Food Systems*, Vol. 5, 2021.

Bjornlund, Vibeke, Henning Bjornlund, Andre F. Van Rooyen, "Why Agricultural Production in Sub-Saharan Africa Remains Low Compared to the Rest of the World—A Historical Perspective", *International Journal of Water Resources Development*, Vol. 36, 2020.

Chakamera, Chengete, Noleen M. Pisa, "Associations Between Logistics and Economic Growth in Africa", *South African Journal of Economics*, Vol. 89, No. 3, 2020.

Cipollina, Maria, Luca Salvatici, "On the Effects of EU Trade Policy: Agricultural Tariffs Still Matter", *European Review of Agricultural Economics*, Vol. 47, No. 4, 2020.

Dixit, Diwakar, Thakur Parajuli, "The Preferential Trade Conundrum and the

Multilateral Market Access Negotiations in Agriculture", *Journal of World Trade*, Vol. 53, No. 4, 2019.

Durowoju, Olufemi Sunday, Temi Emmanuel Ologunorisa, Ademola Akinbobola, "Assessing Agricultural and Hydrological Drought Vulnerability in a Savanna Ecological Zone of Sub-Saharan Africa", *Natural Hazards*, Vol. 111, No. 3, 2022.

Edeme, Richardson K., Chigozie Nelson Nkalu, Chinenye E. Iloka, "Potential Impacts of Free Trade Areas and Common Currency on Sustainable Agricultural Export in Africa", *Journal of Public Affairs*, Vol. 22, No. 1, 2020.

Egger, Dennis et al., "Falling Living Standards During the COVID – 19 Crisis: Quantitative Evidence from Nine Developing Countries", *Science Advances*, Vol. 7, No. 6, 2021.

Erokhin, Vasily, Anna Ivolga, Wim Heijman, "Trade Liberalization and State Support of Agriculture: Effects for Developing Countries", *Agricultural Economics-Zemedelska Ekonomika*, Vol. 60, No. 11, 2014.

Fiorentini, Marco, "How Is the Chinese 'Going Out' Policy Having an Impact on Agriculture-Related Trade with Africa? A Political and Economic Analysis of Sino-African Relations", *Future Agricultures Working Paper*, January 2016.

Gollin, Douglas, Casper Worm Hansen, Asger Mose Wingender, "Two Blades of Grass: The Impact of the Green Revolution", *National Bureau of Economic Research Working Paper*, June 2018.

Grubel, Herbert G., Peter J. Lloyd, "Intra-industry Trade: The Theory and Measurement of International Trade in Differentiated Products", *The Economic Journal*, Vol. 85, No. 339, 1975.

Helpman Elhanan, Krugman Paul, *Market Structure and Foreign Trade: Increasing Returns, Imperfect Competition, and the International Economy*, MIT Press, 1985.

Hong, Chaopeng et al., "Global and Regional Drivers of Land-Use Emissions in

1961 – 2017", *Nature*, Vol. 589, No. 7843, 2021.

Jayne, Thomas S., Pedro A. Sanchez, "Agricultural Productivity Must Improve in Sub-Saharan Africa", *Science*, Vol. 327, No. 6546, 2021.

Leontief, Wassily, "Domestic Production and Foreign Trade", *Proceedings of the American Philosophical Society*, Vol. 97, No. 4, 1953.

Manotas-Hidalgo, Beatriz, Fidel Perez-Sebastian, Miguel Angel Campo-Bescos, "The Role of Ethnic Characteristics in the Effect of Income Shocks on Africa Conflict", *World Development*, Vol. 137, 2020.

Melitz, Marc J., "The Impact of Trade on Intra-Industry Reallocations and Aggregate Industry Productivity", *Econometrica*, Vol. 71, 2003.

Mlambo, Courage, Peter Mukarumbwa, Ebenezer Megbowon, "An Investigation of the Contribution of Processed and Unprocessed Agricultural Exports to Economic Growth in South Africa", *Cogent Economics & Finance*, Vol. 7, No. 1, 2019.

Mthembu, Bonginkosi E., Xolile Mkhize, Georgina D. Arthur, "Effects of COVID – 19 Pandemic on Agricultural Food Production among Smallholder Farmers in Northern Drakensberg Areas of Bergville, South Africa", *Agronomy-Basel*, Vol. 12, No. 2, 2022.

Mutsvangwa-Sammie, Eness Paidamoyo, Emmanuel Manzungu, "Unpacking the Narrative of Agricultural Innovations as the Sine Qua Non of Sustainable Rural Livelihoods in Southern Africa", *Journal of Rural Studies*, Vol. 86, 2021.

Nahanga, Verter, Becǧvářová Věra, "The Impact of Agricultural Exports on Economic Growth in Nigeria", *Acta Universitatis Agriculturae et Silviculturae Mendelianae Brunensis*, Vol. 64, No. 2, 2016.

Naude, Wim, Maarten Bosker, Marianne Matthee, "Export Specialisation and Local Economic Growth", *World Economy*, Vol. 33, No. 4, 2010.

Nchanji, Eileen Bogweh et al., "Immediate Impacts of COVID – 19 Pandemic on Bean Value Chain in Selected Countries in Sub-Saharan Africa", *Agricultural*

Systems, Vol. 188, 2021.

Ortiz-Bobea, Ariel et al. , "Anthropogenic Climate Change Has Slowed Global Agricultural Productivity Growth", *Nature Climate Change*, Vol. 11, No. 4, 2021.

Paula, Bustos, Garber Gabriel, Ponticelli Jacopo, "Capital Accumulation and Structural Transformation", *The Quarterly Journal of Economics*, Vol. 135, No. 2, 2020.

Qaim, Matin, "Role of New Plant Breeding Technologies for Food Security and Sustainable Agricultural Development", *Applied Economic Perspectives and Policy*, Vol. 42, No. 2, 2020.

Reimer, Jeffrey J. , Man Li, "Trade Costs and the Gains from Trade in Crop Agriculture", *American Journal of Agricultural Economics*, Vol. 92, No. 4, 2010.

Rosa, Lorenzo et al. , "Global Agricultural Economic Water Scarcity", *Science Advances*, Vol. 6, No. 18, 2020.

Salami, Adeleke, Abdul B. Kamara, Zuzana Brixiova, "Smallholder Agriculture in East Africa: Trends, Constraints and Opportunity", *African Development Bank Group Working Paper Series*, No. 105, April 2010.

Schilling, Janpeter et al. , "Climate Change Vulnerability, Water Resources and Social Implications in North Africa", *Regional Environmental Change*, Vol. 20, No. 1, 2020.

Sheahan, Megan, Christopher B. Barrett, "Ten Striking Facts about Agricultural Input Use in Sub-Saharan Africa", *Food Policy*, Vol. 67, 2017.

Sotelo, Sebastian, "Domestic Trade Frictions and Agriculture", *Journal of Political Economy*, Vol. 128, No. 7, 2020.

Stolper, Wolfgang F. , Paul A. Samuelson, "Protection and Real Wages", *The Review of Economic Studies*, Vol. 9, No. 1, 1941.

Suri, Tavneet, Udry Christopher, "Agricultural Technology in Africa", *Journal of Economic Perspectives*, Vol. 36, No. 1, 2022.

UNCTAD, "Export Potential under the African Continental Free Trade Area Limited Prospects for the Least Developed Countries in Africa", *Policy Brief*, No. 94, February 2022.

UNCTAD, "Economics Development in Africa Report 2021", December 2021.

World Bank Group, "Two Heads Are Better Than One: Agricultural Production and Investment in Côte d'Ivoire", *Policy Research Working Paper* 10047, May 2022.

World Bank Group, "Non-Labor Input Quality and Small Farms in Sub-Saharan Africa", *Policy Research Working Paper* 10092, June 2022.

World Economic Forum, "The Global Competitiveness Report 2019", October 2019.

附 录

| 附录1： |

湖南省扩大非洲农产品进口的
探索与实践

　　湖南省拥有中国—非洲经贸博览会、中国（湖南）自由贸易试验区和中非经贸深度合作先行区三个国家级开放平台，正在践行习近平总书记中非合作论坛讲话精神和关于建立完善对非经贸合作长效机制的指示精神，积极探索中非经贸合作新模式、搭建中非经贸合作新平台。目前，湖南省正着力打造"六大中心"，高水平建设中非经贸深度合作先行区，打造具有国际影响力的中国地方对非合作示范高地。① 基于此，本部分以湖南省为例，重点就其自第一届中非经贸博览会成功举办以来在扩大非洲农产品进口方面所做的相关工作进行归纳与梳理，以期将地区经验与政策上升到全国典范，打造对非经贸合作的"湖南样板"。

一　平台建设

（一）非洲非资源性产品集散交易加工中心

　　为探索形成中国地方对非经贸合作的"湖南模式"，湖南省委、省政府制定出台了《关于落实中非合作八大行动 打造中非地方经贸合作高地的若

---

① 《湖南高水平建设中非经贸深度合作先行区 打造地方对非合作示范高地》，中国（湖南）自由贸易试验区，http://ftz. hunan. gov. cn/hnzm/news/list01/202112/t20211201_21183145. html；《博览会成中非经贸合作"助推器"打造"五大中心"成效显著》，湖南省人民政府，http://www. hunan. gov. cn/hnszf/hnyw/zwdt/202108/t20210831_20417108. html。

干意见》，其主要任务之一即为打造非洲非资源性产品集散交易加工中心。自第一届中非经贸博览会成功举办以来，非洲非资源性产品集散交易加工中心已取得实质进展，截至 2022 年 8 月底，所取得的主要代表性成果包括以下四个方面。

1. 非洲咖啡、坚果、可可交易中心

2020 年 8 月，非洲咖啡、坚果、可可交易中心在长沙高桥大市场正式开业运营，其不仅是非洲非资源性产品集散交易加工中心第一批落地的子中心，还是湖南省积极探索从原料进口到产品消费的全产业链合作模式。[①]截至 2021 年 11 月，非洲咖啡、坚果、可可交易中心已实现交易额约 25 亿元，正在筹划建设辣椒、芝麻、花生、大豆等其他十余个非洲产品交易中心。

2. 湖南跨境易货贸易首单试单通关[②]

2021 年 7 月 20 日，首批 5 条来自南非共和国的红西柚货柜抵达上海洋山港并完成清关，这标志着中国（湖南）自贸试验区易货贸易首单试单顺利完成，这也是中非贸易的创新之举。首单易货贸易，由南非 Takela 集团采购的红西柚等货物交换湖南省对非易货贸易有限公司提供的建材、小商品等，双方签订了 400 万美元的易货贸易合同。"南非红西柚汁肉饱满，在市场上很受欢迎；南非 Takela 集团正在承接政府经济适用房建设项目，对建材有强烈需求。双方一拍即合。"作为等价交易，湖南省对非易货贸易有限公司于 5 月 17 日和 5 月 31 日分别以易货贸易监管方式报关，出口建材小商品至南非德班港。

3. 卢旺达干辣椒获批进入中国市场

2021 年 11 月，卢旺达 22 吨干辣椒在长沙海关顺利完成通关手续，这是中国首次大批量进口非洲辣椒。第一届中非经贸博览会期间，湖南企业

---

① 《"湘"约非洲咖啡、可可！湖南打造中国地方对非合作新窗口》，湖南省商务厅，https://swt. hunan. gov. cn/swt/hnswt/swdt/mt/202008/t20200818_2474944766727378368. html。

② 《用建材换南非红西柚 湖南自贸试验区跨境易货贸易首单试单通关》，中国（湖南）自由贸易试验区，http://ftz. hunan. gov. cn/hnzm/list01/202107/t20210722_19977180. html。

与卢旺达企业达成采购干辣椒的意向，卢旺达随即向中国提出了辣椒出口申请。在中卢双方的共同努力下，2021 年 3 月 11 日，中卢两国政府正式签署干辣椒贸易的双边议定书。① 2021 年 7 月 8 日，海关总署发布公告，允许符合检验检疫要求的卢旺达干辣椒进口，卢旺达成为非洲原产干辣椒产品首个获准进入中国市场的国家。

4. 湖南省口岸首批从非洲进口鲜花

2019 年 6 月，2760 枝玫瑰鲜花搭乘内罗毕—长沙的 CZ6044 航班运抵长沙机场口岸，这是湖南省口岸首批从非洲进口鲜花。据介绍，肯尼亚位于东非高原，气候温和宜人，四季鲜花盛开，首都内罗毕被誉为"阳光下的花城"，肯尼亚是目前非洲最大的鲜花出口国，肯尼亚鲜花特别是玫瑰深受世界各地消费者欢迎。为做好进口肯尼亚鲜花的检疫监管工作，长沙市海关提前帮助进口商收集整理进口鲜花相关检验检疫政策、标准要求，指导办理申报手续，在技术、政策上给予支持，并推广"提前申报、预约加班"模式，保障鲜花快速、安全通关。②

（二）中非跨境人民币中心③

建设中非跨境人民币中心是中非合作"九项工程"的重要举措，也是中非经贸深度合作先行区建设的重点任务。中非跨境人民币中心是 2019 年于长沙市召开的首届中非经贸博览会的重大金融成果，由中国工商银行总行批复在工商银行湖南分行设立。2021 年 8 月 18 日，乘着举办第二届中非经贸博览会的东风，中非跨境人民币中心首开国内先河挂牌了肯尼亚先令、加纳塞地、赞比亚克瓦查等六个非洲货币结售汇交易，并承诺为广大非洲走出去客户提供主要非洲货币远期、掉期、外汇买卖等汇率套保产品。

为打通中非之间的资金流通闭环，中国工商银行中非跨境人民币中心

① 《卢旺达干辣椒获准进入中国市场》，中华人民共和国商务部，http://rw.mofcom.gov.cn/article/jmxw/202103/20210303045269.shtml。
② 周月桂：《我省口岸首批从非洲进口的鲜花抵长》，《湖南日报》2019 年 6 月 19 日。
③ 《全国首笔！中非跨境人民币中心完成肯尼亚先令跨境支付业务》，华声在线，https://hunan.voc.com.cn/article/202206/202206121001335165.html。

选取了长沙非拓信息技术有限公司（Kilimall）、华自科技、中铁五局等企业，开展对非小币种跨境业务试点。长沙非拓信息技术有限公司所处的肯尼亚经济金融相对发达，对跨境业务比较开放，经过银企双方的密切沟通，最终确定了将该公司在肯尼亚的服务收入以先令原币种汇回国内并结汇的方案。

中国工商银行总行和湖南省分行两级金融市场部及运行管理部业务专家，制定了汇路最便捷、交易效率最高的清算及询报价方案，在南非标准银行肯尼亚支行的密切配合下，于2022年6月6日交易成功，顺利承办了242万肯尼亚先令跨境汇款、先令结汇两笔全国首单业务。

（三）中非易货贸易服务平台①

2022年1月，湖南省上线中非易货贸易服务平台，这是全国首家跨境易货贸易B2B服务平台。目前，湖南省共完成11单易货贸易试单，平台探索出两大类解决方案：存量对非应收外汇人民币形式回笼解决方案、增量对非应收外汇人民币形式回笼解决方案。例如，国内出口商因一般贸易历史事项，在非洲国家形成并持有本币后，可以通过平台易货贸易，以人民币形式回笼。平台可以对接双边进出口事项，在需求、金额匹配的基础上，双边进出口主体各自本币结算，实现跨境易货贸易。据了解，平台在不改变国内供需方各自对非供应链结构的情况下，以双边国家各自本币为支付手段，可全面助力人民币国际化进程。目前，平台正在与监管部门、第三方服务公司等实现数据互通，提高交易效率，确保监管透明。

二 通道建设

（一）湘粤非铁海联运新通道②

湘粤非铁海联运通道以株洲为主集结中心及始发站，衡阳为副中心，吸纳湖南省及中西部省份进出口货物，与粤港澳大湾区港口群无缝衔接，

---

① 《湖南首创中非易货贸易服务平台》，新湖南，https://www.hunantoday.cn/article/202203/202203282226076722.html。

② 王亮：《湘粤非铁海联运通道：外贸货运"后起之秀"》，《湖南日报》2022年7月13日。

将通道服务延伸至非洲大陆腹地，并辐射亚太、中东、欧洲、美洲等区域。该通道是湖南省五大国际物流通道之一。首趟湘粤非铁海联运班列已于2021年9月首发，截至2022年7月1日，湘粤非铁海联运通道已发运100列火车、4050个货柜。

湘粤非铁海联运通道实现了全程提单、一票到底，货运流程更便捷，"端对端"成为现实。通过湘粤非铁海联运通道，全程运输时效预计15天左右，大幅缩短了出口产品的交付时间，国内路段成本比汽运下降60%，与水路运输价格基本持平。在国内班列发运，减少了传统铁路发运多次编组的等待时间。在各项政策支持下，国内路段成本比汽运下降60%，且速度更快。

（二）"客改货"航空货运模式①

湖南省现已获批两条对非客运航线，一是长沙至内罗毕的客运航线，系中国民航首条由湖南直飞非洲的定期航线，于2019年6月正式开通；二是长沙至安哥拉的客运航线，于2021年4月正式开通。2020年新冠疫情促使"客改货"包机成为在疫情之下兴起的航空货运新模式，航空公司在利用原有客机腹舱装载货物的基础上，开发客舱空间装载货物，有效避免特殊时期停飞客机所造成的资源浪费。2021年5月，由非洲安哥拉航空公司执飞的DT7695次航班从长沙黄花国际机场起飞，长沙—安哥拉"客改货"包机圆满完成首航任务，共载货物58.26吨，主要物品为非医用口罩等。

（三）湖南省开通首条至非洲国际货运航线②

2022年7月26日，在长沙海关所属长沙黄花机场海关监管下，首架由长沙飞往亚的斯亚贝巴的货机从长沙黄花国际机场起飞。本次货机运载出

---

① 《长沙通往非洲的第二条航线来了！安哥拉—长沙"客改货"航线完成首航》，华声在线，https://hunan. voc. com. cn/article/202105/20210519220829312900l. html；《湖南首条直飞内罗毕航线正式开通》，央广网，http://news. cnr. cn/native/city/20190613/t20190613_524649919. shtml；彭雅惠：《中非农产品合作，湖南又见新机遇》，《湖南日报》2021年9月28日。

② 《湖南开通首条至非洲国际货运航线》，华声在线，https://hunan. voc. com. cn/article/20220/20220726192955255482. html。

口货物 92.48 吨，主要为服装、手机壳、鞋子、背包等。这是湖南省至非洲的首条国际货运航线，计划一周执飞 3 班。亚的斯亚贝巴是埃塞俄比亚首都，也是非盟总部所在地和非洲重要的航空枢纽。长沙至亚的斯亚贝巴货运航线的开通，进一步丰富了长沙市黄花机场国际航线网络，为湖南省与非洲之间搭起了一座便捷的空中桥梁。

附录 2：

2022 年进口关税配额管理货物目录[①]

附表 1　进口关税配额管理货物目录（2022 年）

单位：%

序号	商品类别	商品编码	普通税率	2022 年最惠国关税税率	关税配额税率	国别关税配额税率		
						中国—新西兰自贸协定	中国—澳大利亚自贸协定	中国—毛里求斯自贸协定
1	小麦	10011000	180	65	1			
		10011900	180	65	1			
		10019100	180	65	1			
		10019900	180	65	1			
		11010000	130	65	6			
		11031100	130	65	9			
		11032010	180	65	10			
2	玉米	10051000	180	20	1			
		10059000	180	65	1			
		11022000	130	40	9			
		11031300	130	65	9			
		11042300	180	65	10			

---

① 《国务院关税税则委员会关于 2022 年关税调整方案的通知（税委会〔2021〕18 号）》，中华人民共和国中央人民政府，http://www.gov.cn/zhengce/zhengceku/2021－12/15/content_5660939.htm。

续表

序号	商品类别	商品编码	普通税率	2022年最惠国关税税率	关税配额税率	国别关税配额税率		
						中国—新西兰自贸协定	中国—澳大利亚自贸协定	中国—毛里求斯自贸协定
3	稻谷和大米	10061021	180	65	1			
		10061029	180	65	1			
		10061081	180	65	1			
		10061089	180	65	1			
		10062020	180	65	1			
		10062080	180	65	1			
		10063020	180	65	1			
		10063080	180	65	1			
		10064020	180	10	1			
		10064080	180	10	1			
		11029021	130	40	9			
		11029029	130	40	9			
		11031931	70	10	9			
		11031939	70	10	9			
4	糖	17011200	125	50	15			15
		17011300	125	50	15			15
		17011400	125	50	15			15
		17019100	125	50	15			15
		17019910	125	50	15			15
		17019920	125	50	15			15
		17019990	125	50	15			15
5	羊毛	51011100	50	38	1	0	0	
		51011900	50	38	1	0	0	
		51012100	50	38	1	0	0	
		51012900	50	38	1	0	0	
		51013000	50	38	1	0	0	
		51031010	50	38	1	0	0	

续表

序号	商品类别	商品编码	普通税率	2022年最惠国关税税率	关税配额税率	国别关税配额税率		
						中国—新西兰自贸协定	中国—澳大利亚自贸协定	中国—毛里求斯自贸协定
6	毛条	51051000	50	38	3	0		
		51052100	50	38	3	0		
		51052900	50	38	3	0		
7	棉花	52010000	125	40[注1]	1			
		52030000	125	40	1			
8	化肥	31021000	150	50	4[注2]			
		31052000	150	50	4[注3]			
		31053000	150	50	4[注4]			

[注1]：对配额外进口的一定数量棉花，适用滑准税形式暂定关税，具体方式如下：

1. 当进口棉花完税价格高于或等于14.000元/千克时，按0.280元/千克计征从量税；

2. 当进口棉花完税价格低于14.000元/千克时，暂定从价税率按下式计算：$R_i = 9.0/P_i + 2.69\% \times P_i - 1$。对上式计算结果四舍五入保留3位小数。其中 R_i 为暂定从价税率，当按上式计算值高于40%时，R_i 取值40%；P_i 为关税完税价格，单位为元/千克。

[注2、3、4]：进口暂定税率为1%。

附录3：

2022 年自动进口许可管理货物目录[①]

依据《中华人民共和国对外贸易法》《中华人民共和国货物进出口管理条例》《货物自动进口许可管理办法》《机电产品自动进口许可实施办法》等法律、行政法规和规章，现公布《自动进口许可管理货物目录（2022年）》，自 2022 年 1 月 1 日起执行。商务部、海关总署公告 2020 年第 67 号同时废止。据此，本书单列目录中所涉及的农产品，详见附表 2。

附表 2　商务部实施自动进口许可的货物（农产品类）

货物种类	海关商品编号	货物名称	备注	单位
牛肉	0201200010	鲜或冷的带骨野牛肉		千克
	0201200090	其他鲜或冷的带骨牛肉		千克
	0201300010	鲜或冷的去骨野牛肉		千克
	0201300090	其他鲜或冷的去骨牛肉		千克
	0202200010	冻的带骨野牛肉		千克
	0202200090	其他冻的带骨牛肉		千克
	0202300010	冻的去骨野牛肉		千克
	0202300090	其他冻的去骨牛肉		千克
	0206210000	冻牛舌		千克
	0206220000	冻牛肝		千克
	0206290000	其他冻牛杂碎		千克

[①] 《商务部 海关总署关于公布〈自动进口许可管理货物目录（2022 年）〉的公告》，中华人民共和国商务部，http://www.mofcom.gov.cn/article/zcfb/zcblgg/202112/20211203233730.shtml。

续表

货物种类	海关商品编号	货物名称	备注	单位
猪肉	0203120010	鲜或冷的带骨野猪前腿、后腿及肉块		千克
	0203120090	鲜或冷的带骨猪前腿、后腿及其肉块		千克
	0203190010	其他鲜或冷的野猪肉		千克
	0203190090	其他鲜或冷的猪肉		千克
	0203219010	其他冻的整头及半头野猪肉		千克
	0203219090	其他冻的整头及半头猪肉		千克
	0203220010	冻的带骨野猪前腿、后腿及肉		千克
	0203220090	冻的带骨猪前腿、后腿及其肉块		千克
	0203290010	冻的野猪其他肉		千克
	0203290090	其他冻猪肉		千克
	0206410000	冻猪肝		千克
	0206490000	其他冻猪杂碎		千克
羊肉	0204100000	鲜或冷的整头及半头羔羊肉		千克
	0204210000	鲜或冷的整头及半头绵羊肉		千克
	0204220000	鲜或冷的带骨绵羊肉		千克
	0204230000	鲜或冷的去骨绵羊肉		千克
	0204300000	冻的整头及半头羔羊肉		千克
	0204410000	冻的整头及半头绵羊肉		千克
	0204420000	冻的其他带骨绵羊肉		千克
	0204430000	冻的其他去骨绵羊肉		千克
	0204500000	鲜、冷、冻的山羊肉		千克
	0206900010	冻羊杂碎		千克
鲜奶	0401100000	按重量计脂肪含量不超过1%的未浓缩的乳及奶油	本编号货物不得加糖和其他甜物质	千克
	0401200000	按重量计脂肪含量超过1%但不超过6%的未浓缩的乳及奶油	本编号货物不得加糖和其他甜物质	千克
	0401400000	按重量计脂肪含量超过6%但不超过10%的未浓缩的乳及奶油	本编号货物不得加糖和其他甜物质	千克
	0401500000	按重量计脂肪含量超过10%的未浓缩的乳及奶油	本编号货物不得加糖和其他甜物质	千克

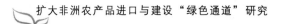

续表

货物种类	海关商品编号	货物名称	备注	单位
奶粉	0402100000	按重量计脂肪含量不超过1.5%的固体乳及奶油	指粉状、粒状或其他固体形状，浓缩，加糖或其他甜物质	千克
	0402210000	按重量计脂肪含量超过1.5%的未加糖固状乳及奶油	指粉状、粒状或其他固体形状，浓缩，未加糖或其他甜物质	千克
	0402290000	按重量计脂肪含量超过1.5%的加糖固状乳及奶油	指粉状、粒状或其他固体形状，浓缩，加糖或其他甜物质	千克
	1901101010	早产/低出生体重婴儿配方（乳基）、母乳营养补充剂（乳基）特殊婴幼儿配方食品	按重量计全脱脂可可含量<5%乳制品	千克
	1901101000	供婴幼儿食用的零售包装配方奶粉	按重量计全脱脂可可含量<5%乳制品	千克
木薯	0714101000	鲜的木薯	不论是否切片	千克
	0714102000	干的木薯	不论是否切片或制成团粒	千克
	0714103000	冷或冻的木薯	不论是否切片或制成团粒	千克
大麦	1003100000	种用大麦		千克
	1003900000	其他大麦		千克
高粱	1007100000	种用食用高粱		千克
	1007900000	其他食用高粱		千克
大豆	1201100000	种用大豆		千克
	1201901100	非转基因黄大豆（非种用）	不论是否破碎	千克
	1201901900	基因黄大豆（非种用）	不论是否破碎	千克
	1201902000	非种用黑大豆	不论是否破碎	千克
	1201903000	非种用青大豆	不论是否破碎	千克
	1201909000	非种用其他大豆	不论是否破碎	千克
油菜籽	1205101000	种用低芥子酸油菜籽		千克
	1205109000	其他低芥子酸油菜籽	不论是否破碎	千克
	1205901000	其他种用油菜籽		千克
	1205909000	其他油菜籽	不论是否破碎	千克
食糖	1701120090	未加香料或着色剂的甜菜原糖	按重量计干燥状态的蔗糖含量对应的旋光读数低于99.5°（进口关税配额外）	千克

续表

货物种类	海关商品编号	货物名称	备注	单位
食糖	1701130090	未加香料或着色剂的本章子目注释二所述的甘蔗原糖	按重量计干燥状态的蔗糖含量对应的旋光读数不低于69°，但低于93°（进口关税配额外）	千克
	1701140090	未加香料或着色剂的其他甘蔗原糖	按重量计干燥状态的蔗糖含量对应的旋光读数低于99.5°（进口关税配额外）	千克
	1701910090	加有香料或着色剂的糖	指甘蔗糖、甜菜糖及化学纯蔗糖（进口关税配额外）	千克
	1701991090	砂糖	进口关税配额外	千克
	1701992090	绵白糖	进口关税配额外	千克
	1701999090	其他精制糖	进口关税配额外	千克
玉米酒糟	2303300011	干玉米酒糟		千克
	2303300019	其他玉米酒糟		千克
豆粕	2304001000	提炼豆油所得的油渣饼（豆饼）		千克
	2304009000	提炼豆油所得的其他固体残渣	不论是否研磨或制成团	千克
烟草	2401101000	未去梗的烤烟		千克
	2401109000	其他未去梗的烟草		千克
	2401201000	部分或全部去梗的烤烟		千克
	2401209000	部分或全部去梗的其他烟草		千克
	2401300000	烟草废料		千克
	2402100000	烟草制的雪茄烟		千克/千支
	2402200000	烟草制的卷烟		千克/千支
	2402900001	烟草代用品制的卷烟		千克/千支
	2402900009	烟草代用品制的雪茄烟		千克/千支
	2403110000	供吸用的本章子目注释所述的水烟料	不论是否含有任何比例的烟草代用品	千克
	2403190000	其他供吸用的烟草	不论是否含有任何比例的烟草代用品	千克
	2403910010	再造烟草		千克

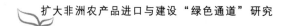

续表

货物种类	海关商品编号	货物名称	备注	单位
烟草	2403910090	均化烟草		千克
	2403990010	烟草精汁		千克
	2404110000	含烟草或再造（均化）烟草的非经燃烧吸用的产品		千克
	2404120000	含尼古丁但不含烟草或再造（均化）烟草的非经燃烧吸用的产品		千克
	2404191000	含烟草代用品的非经燃烧吸用的产品，且不含烟草、再造（均化）烟草、尼古丁		千克
	2404199000	其他非经燃烧吸用的尼古丁代用品		千克
	4813100000	成小本或管状的卷烟纸		千克
	4813200000	宽度不超过5厘米成卷的卷烟纸		千克
	4813900000	其他卷烟纸	不论是否切成一定尺寸，税目48.13未具体列名的	千克
	5601221000	化学纤维制的卷烟滤嘴		千克

附录4：

我国允许进口粮食和植物源性饲料种类及输出国家/地区名录[①]

附表3　我国允许进口粮食和植物源性饲料种类及输出国家/地区名录

类型	种类	已准入国家/地区
籽实类粮食油籽	大豆	加拿大、乌拉圭、俄罗斯、乌克兰、埃塞俄比亚、哈萨克斯坦、美国、巴西、阿根廷、玻利维亚、贝宁
	油菜籽	加拿大、澳大利亚、蒙古国、俄罗斯
	小麦	澳大利亚、加拿大、哈萨克斯坦、匈牙利、塞尔维亚、蒙古国、俄罗斯、法国、英国、美国、立陶宛
	玉米	泰国、老挝、阿根廷、俄罗斯、乌克兰、保加利亚、巴西、柬埔寨、南非、匈牙利、美国、秘鲁（限大玉米）、哈萨克斯坦、墨西哥、乌拉圭
	大麦	澳大利亚、加拿大、丹麦、阿根廷、蒙古国、乌克兰、芬兰、乌拉圭、英国、法国、哈萨克斯坦、俄罗斯、美国
	稻谷	俄罗斯
	饲用高粱	阿根廷、缅甸、美国、澳大利亚、尼日利亚
	饲用豌豆	比利时、波兰、法国、荷兰、匈牙利、英国、缅甸、日本、印度、越南、南非、马拉维、阿根廷、加拿大、美国、新西兰
	饲用燕麦	俄罗斯、芬兰、美国、澳大利亚、马来西亚、英国
块茎类粮食	木薯干（片）	柬埔寨、老挝、坦桑尼亚、加纳、马达加斯加、尼日利亚、泰国、印度尼西亚、越南

[①] 《海关总署更新〈我国允许进口粮食和植物源性饲料种类及输出国家/地区名录〉》，发布时间：2020年12月17日，中华人民共和国南宁海关，http://www.customs.gov.cn/nanning_customs/yqxxzl71/3350374/3466748/index.html。

续表

类型	种类	已准入国家/地区
块茎类粮食	马铃薯	美国
	甘薯	老挝
植物源饲料原料（粕渣麸糠类）	豆粕	韩国（发酵豆粕）、中国台湾（发酵膨化豆粕）、俄罗斯（粕/饼）、阿根廷
	菜籽粕	哈萨克斯坦、巴基斯坦、阿联酋、日本、埃塞俄比亚、澳大利亚、加拿大、印度、俄罗斯（粕/饼）、乌克兰（粕/饼）
	玉米酒糟粕	美国、保加利亚
	葵花籽粕	乌克兰、保加利亚、俄罗斯（粕/饼）
	花生粕	苏丹
	甜菜粕	乌克兰、美国、埃及、俄罗斯、白俄罗斯、德国
	米糠粕（饼）	泰国
	棕榈仁粕	泰国（粕/饼）、印度尼西亚、马来西亚
	棕榈脂肪粉	印度尼西亚、马来西亚
	棉籽粕	坦桑尼亚（粕/壳）、巴西
	椰子粕	印度尼西亚、菲律宾
	辣椒粕	印度
	橄榄粕	西班牙
	扁桃壳颗粒	美国
	米糠	越南、美国、西班牙
	麦麸	哈萨克斯坦、蒙古国、法国、塞尔维亚、日本、马来西亚、新加坡、澳大利亚、印度尼西亚
	木薯渣	老挝、柬埔寨、泰国
	饲用小麦粉	哈萨克斯坦
	其他产品（深加工）	丹麦（大豆蛋白）、美国（过瘤蛋白）、英国（棕榈油）、法国（棕榈油）
饲草	苜蓿草	保加利亚、罗马尼亚、西班牙、哈萨克斯坦、苏丹、阿根廷、加拿大、美国、南非、意大利
	苜蓿干草块和颗粒	美国
	燕麦草	澳大利亚
	梯牧草	加拿大、美国
	天然饲草	蒙古国、立陶宛（青贮饲料）

图书在版编目（CIP）数据

扩大非洲农产品进口与建设"绿色通道"研究／肖
皓，唐斌，许和连著. —— 北京：社会科学文献出版社，
2023.7
（中非经贸合作丛书）
ISBN 978 - 7 - 5228 - 1411 - 7

Ⅰ.①扩… Ⅱ.①肖… ②唐… ③许… Ⅲ.①农产品
贸易 - 进出口贸易 - 研究 - 中国、非洲 Ⅳ.
①F752.652②F754.065.2

中国国家版本馆 CIP 数据核字（2023）第 023289 号

中非经贸合作丛书
扩大非洲农产品进口与建设"绿色通道"研究

著　　者／肖　皓　唐　斌　许和连

出 版 人／王利民
责任编辑／高明秀
责任印制／王京美

出　　版／社会科学文献出版社·国别区域分社（010）59367078
　　　　　地址：北京市北三环中路甲 29 号院华龙大厦　邮编：100029
　　　　　网址：www. ssap. com. cn
发　　行／社会科学文献出版社（010）59367028
印　　装／三河市东方印刷有限公司

规　　格／开　本：787mm × 1092mm　1/16
　　　　　印　张：13.5　字　数：197 千字
版　　次／2023 年 7 月第 1 版　2023 年 7 月第 1 次印刷
书　　号／ISBN 978 - 7 - 5228 - 1411 - 7
定　　价／119.00 元

读者服务电话：4008918866